글 **설민석**

설민석은 머리에는 지식을, 가슴에는 교훈과 감동을 전하는
우리나라 최고의 역사 선생님입니다. 어른, 아이 할 것 없이 누구나
쉽고 명쾌하게 역사를 접할 수 있도록 노력하고 있습니다.
살아 숨 쉬는 생생한 역사 지식과 지혜를 여러분 가슴속에 전달하고자 합니다.

저서
《설민석의 한국사 대모험》,《설민석의 통일 대모험》,《설민석의 삼국지》,
《설민석의 세계사 대모험》,《설민석의 조선왕조실록》,《설민석의 한국사는 살아있다》,
《설민석 쌤과 함께 부르는 한국을 빛낸 100명의 위인들》,
《설민석의 무도 한국사 특강》,《설민석의 만만 한국사》

글 **스토리콘** | 책임 집필 **남상욱**

스토리콘은 맛있고 영양가 높은 스토리 콘텐츠를 달콤하고 바삭하게 구워 내는
전문 창작 집단입니다. 책임 집필을 맡은 남상욱 작가는 《고층 건물에서 살아남기》,
《제주에서 보물찾기》를 비롯한 다수의 학습만화와 동화, 지식 단행본을 집필했으며,
현재는 대학에서 학생들을 가르치는 일을 함께하고 있습니다.

그림 **김문식**

2008년 소년 만화 잡지인 〈아이큐 점프〉에 《루트 뱀파이어》로 데뷔하였고,
이후 《마인드 스쿨》,《뇌과학으로 행성을 구하라!》,《지니어스 로봇아이》,
《LIVE 과학》 등의 학습만화를 그렸습니다. 현재는 온오프라인에서
만화와 관련된 다양한 활동을 하고 있습니다.

설민석의 고사성어 대격돌

③ 화룡점정! 고사성어의 마지막 비밀을 찾아라!

설민석의 고사성어 대격돌 머리말

어린이 독자 여러분 안녕하세요? 설민석입니다.

이번에는 조금 색다른 주제로 여러분을 찾아왔는데요. 저를 좋아해 주는 어린이 독자 분들은 이 책을 처음 보고 '설쌤이 갑자기 고사성어를?' 하고 조금 의아해 했을 것 같아요.

설쌤과 고사성어가 무슨 관계냐고요?

고사성어는 오랜 세월 수많은 사람들의 삶과 경험 속에서 유래되었습니다. 곧 역사와 이야기가 고사성어 안에 녹아들어 있다고 할 수 있어요. 그래서 고사성어를 배우면 역사 속의 지혜와 교훈을 배우는 것과 같습니다. 제가 여러분에게 고사성어 이야기를 들려주고 싶은 이유이기도 하지요.

또한 고사성어는 누구나 공감할 수 있는 뜻을 가지고 있어서, 먼 옛날에 만들어졌다는 것이 신기할 만큼 현재의 어떤 상황에도 적용할 수 있지요. 고사성어 하나면 긴긴 말로 설명하지 않아도 생각이나 감정을 풍부하게 전달할 수 있습니다. 그래서 그런지 뉴스를 비롯한 각종 매체에서 고사성어가 쓰이는 것을 자주 볼 수 있는데요.

어느 날, 어린이 독자 분들에게는 고사성어가 어렵게 느껴질 수도 있다는 생각을 했습니다. 한자로 되어 있는 데다가 배경 이야기를 모른다면 너무 함축적이니까요.

그래서 고민했습니다. '어떻게 하면 고사성어를 쉽고 재미있게 알려 줄 수 있을까?' 그리고… 답을 찾았습니다! 우리가 같이 고사성어 탐험을 떠나면 어떨까 하고요.

제가 고사성어 탐험을 떠난다고 하니, 여러분들의 친구 평강, 온달, 로빈도 떠나겠다고 나섰습니다. 이제는 저보다 역사 여행을 더 좋아한다니까요, 하하!

지금부터 여러분은 아무 걱정 하지 말고, 설쌤, 평강, 온달, 로빈과 함께 이야기 속으로 떠나면 됩니다. 이야기의 재미에 풍덩 빠져 읽다 보면, 어느새 고사성어가 머리에 쏙쏙 남게 되는 마법이 펼쳐질 테니까요!

어떤 역사 속 이야기와 고사성어가 기다리고 있을지 벌써부터 두근두근! 기대가 되지요? 자 그럼, 다 같이 고사성어 대격돌의 현장으로 떠나 볼까요?

설민석 드림

설민석의 고사성어 대격돌 구성과 활용

❶ 단계별 스토리텔링 학습

일상에서 자주 사용하는 고사성어부터 역사적 유래가 깊은 고사성어까지 총 3권으로 나누어 단계별 학습이 가능하도록 구성했습니다.

❷ 사랑스러운 캐릭터, 손에 땀을 쥐는 스토리!

설쌤, 온달, 평강, 로빈이 고사성어 학습을 위해 모험을 떠납니다. 고사성어 대결은 물론 역사의 명장면 속 고사성어 찾기를 통해 교훈을 얻고 지혜를 배웁니다.

❸ 학습 효과에 카드 모으는 재미까지!

온달의 실수로 고사성어들이 꽁꽁 숨어 버렸습니다. 숨은 고사성어를 찾으면 멋진 고사성어 카드를 얻을 수 있는데요, 학습 효과는 물론 카드 모으는 재미를 느낄 수 있습니다.

❹ 설쌤과 함께라면, 고사성어도 쏙쏙!

챕터별 스토리를 되새기며 고사성어의 뜻을 복습합니다. 고사성어 한자의 음과 뜻, 고사성어의 활용, 유래 등을 한눈에 볼 수 있어 체계적인 어휘 학습이 가능합니다.

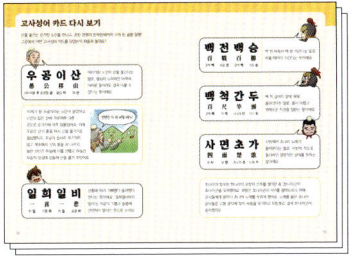

❺ 고사성어로 미션 해결! 신나는 액티비티 학습

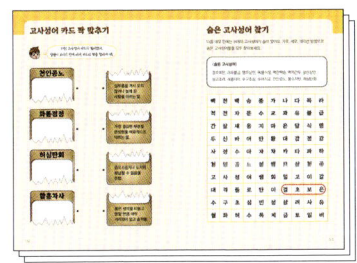

고사성어 짝 맞추기 게임, 숨은 고사성어 찾기 등 신나는 액티비티 학습을 통해 고사성어를 깊이 이해하고 활용할 수 있습니다.

❻ 초성 게임이 가능한 '고사성어 카드' 수록!

본문에 등장하는 고사성어 카드를 별책 부록으로 제공합니다. 카드의 앞면(고사성어의 초성)과 뒷면(고사성어의 뜻풀이)을 활용하여 고사성어 초성 게임을 즐길 수 있습니다.

*〈설민석의 고사성어 대격돌〉 3권에는 스페셜 카드 8장이 포함되어 있습니다.

설민석의 고사성어 대격돌 등장인물 소개

설쌤

고구려의 대학자. 용의 송곳니로 만든 분필로 시간 여행을 할 수 있다. 평강 공주와 대한민국에 왔다 공주가 온달에게 반하는 바람에 온달의 공부를 책임지게 된다. 온달의 실수로 사라진 고사성어를 찾기 위해 모험을 펼치던 중, 라이벌 황 대감으로부터 고사성어 찾기 대결을 제안받는다.

평강

고구려의 공주. 시간 여행을 하며 남편감을 찾다 온달에게 첫눈에 반한다. 온달과 공갈의 고사성어 찾기 대결이 설쌤과 황 대감의 자존심 승부로 번지자 설쌤의 승리를 위해 적극적으로 나선다.

온달

외모는 수려하지만, 성적은 초라한 대한민국 소년. 식탐과 잠이 많다. 황 대감과 공갈에게 지지 않기 위해 이를 악물고 고사성어를 찾는 모험에 뛰어든다.

로빈

설쌤의 반려견으로 고사성어 모험을 돕는다. 사라진 고사성어를 찾는 일등 공신.

황 대감

고구려의 학자이자, 설쌤의 라이벌.
설쌤에게 고사성어 찾기 대결을 제안한다.

공갈

다재다능한 인재로 온달과의 승부를
식은 죽 먹기로 생각한다.

역사 속 인물들

항우

유방

유비

제갈량

조조

공자

맹자

이성계

설민석의 고사성어 대격돌 차례

1화 고사성어의 기원을 찾아서! 12
고사성어 카드 다시 보기 36

2화 초한 전쟁에 숨은 고사성어 찾기 40
고사성어 카드 다시 보기 58

3화 삼국지에서 유래된 고사성어 60
고사성어 카드 다시 보기 80

4화 '와신상담'과 '오월동주' 이야기 84
고사성어 카드 다시 보기 104

5화 조선 시대 '함흥차사' 이야기 108

고사성어 카드 다시 보기 130
고사성어 카드 짝 맞추기 132
숨은 고사성어 찾기 133

에필로그 '일거양득' 떡순이! 134

옛 지도로 보는 고사성어 140
연표로 보는 고사성어 142
인물로 보는 고사성어 144
고사성어 초성 퀴즈! 148

1화 고사성어의 기원을 찾아서!

"에휴…"

답답한 마음에 골목으로 나온 설쌤은 연거푸 한숨만 쉬었어요. 자신이 아까 황 대감에게 내뱉은 말 때문이지요.

끄아!

으아, 아무리 생각해도 온달이가 공갈이를 다시 이기는 건 불가능해!

맞아요. 저번 대결에서 이긴 건 기적이나 다름없다고요….

그때 공갈이와 헤어져 집으로 돌아가던 온달과 평강이 설쌤을 보았어요.

뭐부터 먹을까?

추욱

어? 저기 설쌤 아냐?

설쌤!

어, 평강아, 온달아….

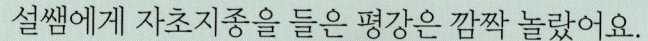

설쌤에게 자초지종을 들은 평강은 깜짝 놀랐어요.

"어차피 고사성어를 찾긴 해야 하잖아요. 빨리 찾을 이유가 하나 더 생긴 것뿐인데요, 뭐."

온달은 자신만만하게 말했어요.

설쌤은 온달이 대결을 수락한 것보다 지난번에 봉인했던 고사성어를 잊지 않고 기억하고 있다는 사실에 더 감동받은 것 같았어요. 하나를 배우면 두 개를 잊어버리는 온달이니 안 그럴 수 있겠어요?

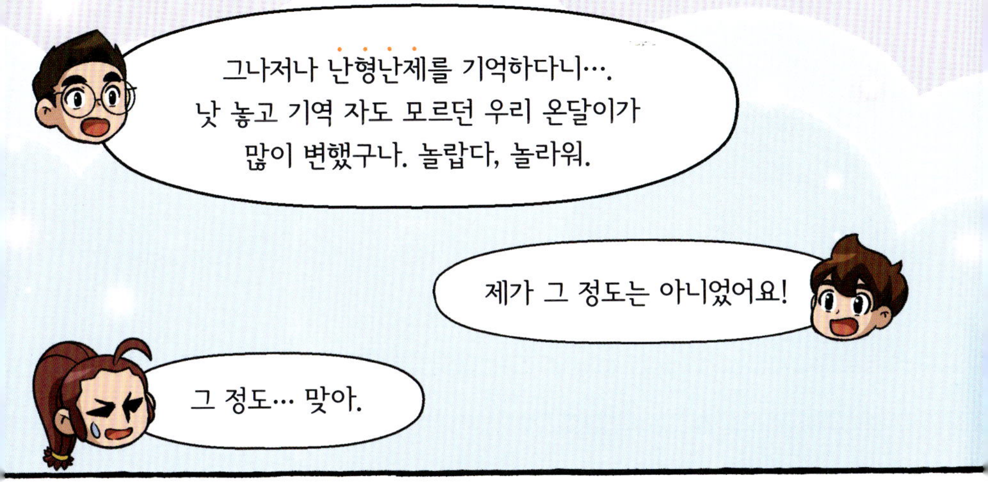

그나저나 난형난제를 기억하다니…. 낫 놓고 기역 자도 모르던 우리 온달이가 많이 변했구나. 놀랍다, 놀라워.

제가 그 정도는 아니었어요!

그 정도… 맞아.

앗, 말풍선이야! 그것도 두 개나!

?

?

뭐?

척!

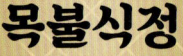

❖목불식정(目 눈 목, 不 아닐 불, 識 알 식, 丁 고무래 정)은 고무래를 보고도 정(丁) 자를 알지 못한다는 뜻으로, 무식한 사람을 이르는 말이에요.

❖일취월장(日 날 일, 就 나아갈 취, 月 달 월, 將 나아갈 장)은 나날이 발전해 나아간다는 뜻이에요.

설쌤의 계획은 이런 거였어요. 세상에 뿔뿔이 흩어진 고사성어들을 찾는 데는 한계가 있으니, 역으로 고사성어가 생겨난 역사적 순간으로 가자는 것이었죠.

시간 경과

　설쌤은 고사성어를 모두 찾기 위해서는 어쩔 수 없다며 설득했고, 결국 온달과 평강은 다음 날 황 대감과 공갈이 기다리고 있는 약속 장소로 향했어요.

설쌤과 황 대감은 각자 역사의 문을 열었어요.

역사의 문을 지난 온달 일행이 도착한 곳은 나루터였어요.
작은 나룻배에 사람들이 올라타고 있었죠.

자자, 이제 곧 배가 출발합니다. 어서 올라타세요!

여긴 어디지?

스윽

거기, 탈 거요, 말 거요!

흠….

저희요?

로빈아!

왈!

어쩌죠?

온달 일행은 로빈을 쫓아 얼떨결에 나룻배에 올라타게 되었어요. 하지만 배 안 어디에도 고사성어의 기운은 느껴지지 않았지요.

"말풍선이 나올 기미도 없는데요?"

"분명 로빈이 뭔가를 느낀 것 같았는데…."

그때였어요.
'출렁!'
강의 물살이 바뀌며 나룻배가 한 차례 크게 흔들렸어요.

"뭐, 뭐지?"

"급류에 배가 흔들리나 봐."

출렁 출렁

"안 돼에에에!"

이번에 온달 일행이 도착한 곳은… 맙소사, 전쟁터 한복판이었어요!

여긴 전쟁터잖아!

이얍

위험해, 어서 몸을 피해!

우아아

그런데 온달의 눈에 한 노인이 들판에 몸을 굽히고 있는 게 보였어요. 노인은 풀을 묶어 매듭을 짓고 있는 중이었지요.

할아버지, 거기 계시면 위험해요! 지금 전쟁이 일어났다고요!

아니, 저 사람은?

이렇게 풀을 묶어 놓으면…

후다닥

그때, 저 멀리서 한 군인이 적에게 쫓겨서 도망치고 있었어요. 온달 일행이 도착한 시대는 다름 아닌 중국이 여러 나라로 쪼개져 싸우던 춘추 시대였어요.

진(晉)나라 군인인 위과는 전쟁터에 나가, 진(秦)나라와 싸우게 되었죠. 그런데 적장 두회는 용맹하고 무시무시하기로 소문난 인물이었어요.

풀 매듭에 두회의 말이 걸린 덕분에 위과는 두회를 붙잡을 수 있었어요.

결초보은

❖ 결초보은(結 맺을 결, 草 풀 초, 報 갚을 보, 恩 은혜 은)은 풀을 묶어 은혜를 갚는다는 뜻으로, 죽어서도 잊지 않고 은혜를 갚음을 뜻하는 말이에요.

노인은 담담히 자신의 사정을 말했어요. 예전에 위과가 자신의 딸을 죽을 위기에서 구해 준 적이 있었는데, 그 은혜를 갚기 위해 잠시 하늘에서 내려와 위과의 목숨을 구했다는 거예요.
"세상을 떠나고도 은혜를 갚다니, 정말 대단하세요!"
온달은 어느새 두려움도 잊고 진심으로 감탄했어요.

다음으로 온달 일행이 도착한 곳은 초원이었어요. 그런데 초원 한가운데 한 노인이 앉아 있었어요.

노인은 말이 도망갔는데도 찾기는커녕 마냥 태평하기만 했어요. 온달은 그 모습을 보고 노인을 도와야겠다는 생각이 들어 적극적으로 나섰어요.

"기다리세요! 제가 말을 찾아 드릴게요!"

"허허허, 그럴 필요 없는데."

설쌤의 말에 온달이 고개를 들어 보니 저 멀리서 말이 달려오고 있었어요. 그런데 한 마리가 아니었어요. 노인의 말이 친구를 사귀었는지, 다른 야생마 여럿이 함께 온 것이었어요!

설쌤의 설명에 따르면 얼마 후에 노인의 아들이 새로 온 말을 타다 그만 떨어져 다리를 다쳤다고 해요. 하지만 그것도 불행은 아니었어요. 이후 전쟁이 나서 많은 남자들이 전쟁터로 가서 죽었는데, 노인의 아들은 다리를 다치는 바람에 전쟁에 나가지 않았거든요. 불행이 오히려 복이 된 거예요.

만약 다리를 다치지 않았다면 전쟁에 나가 목숨을 잃었을지도 몰라.

계속 행복과 불행이 바뀌네요.

그럼 말이 도망간 건 좋은 일이었던 거예요, 나쁜 일이었던 거예요?

새옹지마의 진정한 뜻은 행복과 불행은 언제 뒤바뀔지 모르니 너무 기뻐할 필요도 너무 슬퍼할 필요도 없이 인생을 살라는 거란다.

그제야 새옹지마의 진짜 뜻을 알게 된 온달은 무언가 떠올랐다는 듯 손뼉을 딱 쳤어요.

고사성어 카드 다시 보기

다시 대결을 시작한 설쌤과 황 대감! 이번에는 과연 누가 이길까요? 역사의 문을 통해 시대를 오가며 얻은 고사성어 카드들을 다시 한번 살펴봐요.

목 불 식 정
目 不 識 丁
눈 **목** 아닐 **불** 알 **식** 고무래 **정**

고무래를 보고도 정(丁) 자를 알지 못한다는 뜻으로, 무식한 사람을 이르는 말이에요.

비슷한 뜻을 가진 속담에는
'낫 놓고 기역 자도 모른다.' 가 있어요.
기역 자 모양의 낫을 놓고도 기역 자를 모른다는 뜻으로
글자를 모르거나 아는 것이 없는 무식한 사람을 뜻하는 말이에요.

일 취 월 장
日 就 月 將
날 **일** 나아갈 **취** 달 **월** 나아갈 **장**

나날이 발전해 나아간다는 뜻이에요.

각주구검
刻舟求劍
새길 **각**   배 **주**   구할 **구**   칼 **검**

배에 흠집을 새겨 칼을 찾는다는 뜻으로, 융통성이 없고 고집 센 어리석은 사람을 이르는 말이에요.

초나라에 살던 한 젊은이가 집안 대대로 내려오는 귀한 칼을 들고 강을 건너기 위해 배를 탔어요. 그런데 한참을 가던 중에 실수로 칼을 강물에 떨어뜨리고 만 거예요. 젊은이는 잠시 당황하는 듯하더니 갑자기 단도로 배를 긁어 칼이 떨어진

자리를 표시했어요. 그러고는 배가 강기슭에 닿자 표시해 놓은 자리 아래 물속으로 풍덩 들어가 칼을 찾았어요. 하지만 이미 배는 칼이 빠진 곳에서 멀리 떠나왔는데 그곳에 칼이 있을 리가 없었지요. 이렇게 상황이나 시대가 바뀐 것을 고려하지 않고 융통성 없이 고집을 부리는 어리석음을 이르러 '각주구검'이라고 해요.

결초보은
結草報恩
맺을 결　풀 초　갚을 보　은혜 은

풀을 묶어 은혜를 갚는다는 뜻으로, 죽어서도 잊지 않고 은혜를 갚음을 뜻하는 말이에요.

진나라 군주였던 위무자가 병이 깊어지자 아들인 위과를 불러 자신이 죽으면 새로 들인 부인을 다시 시집보내라고 유언을 남겼어요. 하지만 막상 죽음을 앞두고서는 자신과 함께 묻어 달라고 말을 바꾸었지요. 당시에는 신분이 높은 사람이 죽으면 그가 거느렸던 사람들도 함께 묻는 '순장'이라는 풍습이 있었거든요. 위과는 고민 끝에 아버지가 정신이 더 맑았을 때 남긴 유언을 따라 새어머니를 새로 시집보냈어요. 그 뒤 위과가 전쟁터에 나가게 되었는데, 멀리서 한 노인이 풀을 엮고 있는 것을 보았어요. 그런데 적장인 두회와 군사들이 그 풀에 발이 걸려 맥없이 넘어지는 게 아니겠어요? 덕분에 위과는 손쉽게 전쟁에서 승리할

수 있었지요. 그날 밤, 위과의 꿈에 그 노인이 나타나 말하길 자신은 새어머니의 아버지이고, 딸을 살려 준 은혜를 갚으러 왔다고 했어요. 이후로 죽어서도 잊지 않고 은혜를 갚는다는 것을 '결초보은'이라고 하게 된 거예요.

새옹지마

塞翁之馬

변방 **새** 늙은이 **옹** 어조사 **지** 말 **마**

변방에 사는 노인의 말이라는 뜻으로, 인생의 행복과 불행은 예측할 수 없다는 말이에요.

변방에 사는 한 노인이 키우던 말이 오랑캐 땅으로 달아났어요. 마을 사람들은 말이 도망가서 속상하겠다며 노인을 위로했지요. 하지만 노인은 이 일이 오히려 복이 될 수도 있다며 태연하게 말했어요. 그런데 얼마 후 노인의 말이 다른 말들과 함께 돌아온 거예요. 마을 사람들은 이를 축하했지만, 노인은 기뻐하기는커녕 이 일이 화가 될 수 있다고 말했어요. 얼마 지나지 않아 노인의 아들이 그 말을 타다가 떨어져서 다리를 다치고 말았지요. 마을 사람들은 아들이 다쳐서 속상하겠다며 위로를 했어요. 하지만 노인은 이번에도 이 일이 복이 될 수 있다며 담담하게 말했어요. 그 뒤 마을에 전쟁이 일어났고, 젊은이들은 전쟁터에 끌려가 다치거나 목숨을 잃었어요. 하지만 다리를 다친 노인의 아들은 전쟁에 나가지 않아 목숨을 구할 수 있었답니다. '새옹지마'는 좋은 일일지 나쁜 일일지 그 끝을 예측하기 어려우니 크게 실망하거나 자만하지 말라는 인생의 지혜가 담겨 있는 말이에요.

2화 초한 전쟁에 숨은 고사성어 찾기

역사의 문을 연달아 이동하는 건 생각보다 꽤 힘든 일이었어요. 설쌤 일행은 다들 점점 지쳐 갔지요.

그렇게나 많이요? 그래도 잠깐 밥 먹을 새는 있는 거죠?
벌떡
무슨 소리야. 밥 먹을 시간이 어디 있어?
뭐라도 먹고 가요. 이대론 한 발짝도 못 가요!
얜 왜 이러는 거니?
온달이는 늘 밥에 진심이거든요.
그때 어디선가 노랫소리가 들려왔어요.
나 배고파서 이제 환청까지 들려.
나도 들리는데?

무슨 소린가 싶어 고개를 돌려 보았더니, 저 멀리서 한 노인이 흙이 가득한 바구니를 지고 노래를 부르며 걸어오고 있었어요.

정신을 차린 온달은 홀로 커다란 흙덩이를 이고 가는 노인의 정체가 궁금해졌어요.

"그런데 할아버진 어딜 가시는 길이세요?"

온달이 묻자, 노인은 뒤에 있는 큰 산을 가리키며 비장한 얼굴로 말했어요.

"태행산과 왕옥산에서 흙을 퍼서 바다에 버리러 가는 길이란다."

"아니 왜요?"

노인은 자신의 이야기를 들려주었어요. 노인의 집 앞에 태행산과 왕옥산이라는 큰 산이 있는데, 산이 길을 가로막고 있는 바람에 다른 동네로 가려면 산을 빙 둘러 가야 한다고 했어요. 그게 너무 힘들었던 노인은 두 산을 없애 버려야겠다고 마음먹고, 산에 있는 흙을 파서 발해라는 바다에 버리기 시작한 거였죠.

온달은 새삼스레 노인의 얼굴을 바라보았어요. 아흔 살 노인의 얼굴에는 세월의 흔적처럼 주름살이 가득했어요.

노인은 자신만만한 얼굴로 말했어요.
"나는 자식도 있고 손자도 있어. 내가 죽으면 내 자식이 산을 팔 것이고, 내 자식이 죽으면 손자가 팔 거야. 그리고 그 후손들도!"

그런데 노인과 온달 일행을 몰래 숨어서 지켜보는 이들이 있었어요. 바로 태행산과 왕옥산의 산신이었지요.

저희도 도울게요.

이 산 제가 다 없애 버릴게요!

어쩌지? 저러다 정말 산이 사라지면 우리도 사라질 텐데.

안 되겠어. 옥황상제님께 부탁해서 다른 곳으로 산을 옮겨야겠어!

왈왈!

노인이 산을 없앨 수도 있겠다는 생각이 들자, 태행산과 왕옥산의 산신은 옥황상제에게 산을 옮겨 달라고 부탁했어요. 옥황상제는 노인의 정성에 감격해 두 산을 다른 곳으로 옮겨 주었지요.

너무 기뻐서 노래가 절로 나오는구나! 한 곡 들려주랴?

괜찮습니다.

역사의 문으로 나오자 이번엔 낡은 막사 여러 개가 보였어요. 고요한 막사 안에는 지친 병사들의 한숨 소리만 가득했죠.

여기는 어디지?

아니, 저 글자는?

지금 여긴 초나라 군의 진영이야.

그럼 혹시 지금 초한 전쟁 중인 거예요?

초한 전쟁이 뭐야?

백전백승

난 싸움에 나가 진 적이 없다고!

❖ **백전백승**(百 일백 백, 戰 싸움 전, 百 일백 백, 勝 이길 승)은 백 번 싸워서 백 번 이긴다는 말로 싸울 때마다 이긴다는 뜻이에요.

초나라 항우에게서 백전백승 카드가 도망치다니, 설마…!

설쌤의 말이 끝나기가 무섭게 초나라군의 막사 위로 고사성어 말풍선이 무럭무럭 떠오르기 시작했어요.

저기로 가자!

고사성어 말풍선이 모인 곳 아래에 있는 건, 초나라의 항우였어요.

하늘이시여, 초나라를 이렇게 버리시는 것입니까!

백척간두

하늘이시여, 우리 초나라를 버리시는 것입니까!

❖ **백척간두**(百 일백 백, 尺 자 척, 竿 낚싯대 간, 頭 머리 두)는 백 자 길이의 장대 위에 올라섰다는 말로, 몹시 어렵고 위태로운 지경을 일컫는 말이에요.

역시 그랬어. 항우가 처음으로 패배했던 해하 전투의 현장이었군.

백전백승의 장수 항우가 어쩌다 백척간두의 운명에 처하게 된 걸까요?

초나라를 이끌었던 항우는 '전투의 신'이라고 불릴 정도로 놀라운 전투 실력을 갖추고 있었어요. 하지만 패자를 끝까지 짓밟는 잔인한 성격 때문에 사람들의 미움을 샀어요. 반면 한나라를 이끌었던 유방은 온화한 성격에 두둑한 배짱까지 있어서 사람들을 끌어들이는 매력이 있었지요. 그러다 보니 항우는 매번 전투에 승리하면서도 세력이 줄어들었고, 유방의 주변으로는 훌륭한 참모들이 모여들었어요.

결국 해하에서 일어난 전투에서 한나라 유방의 참모인 한신의 계책으로, 초나라 항우는 크게 패하게 되었단다.

분명 내가 매번 승리했는데 어쩌다 이렇게 된 거지?

싸움보다 중요한 건 내 사람을 만드는 것이지.

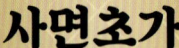

사면초가

❖ **사면초가**(四 넉 사, 面 낯 면, 楚 초나라 초, 歌 노래 가)는 사방에서 초나라 노래가 들려온다는 말로, 사방이 적으로 둘러싸인 절망적인 상태를 뜻하는 말이에요.

사면초가가 이런 말이었구나.

그럼 뭔 줄 알았는데?

난 여태 사방에 초가집이 있다는 뜻인 줄 알았지.

온달이라면 그렇게 생각할 수도 있지.

털썩

죽을지도 모르는 전장에서 고향의 노래를 들은 초나라 병사들은 사기가 크게 꺾였고, 결국 하나 둘 한나라 군에 투항하기 시작했어요.

대체 한나라로 넘어간 우리 병사가 얼마나 많기에 노랫소리가 저리 크단 말인가. 초나라는 이제 정녕 끝났나 보구나.

그럼 항우와 유방의 싸움은 이렇게 끝난 거예요?

응, 항우는 부하들과 함께 도망쳤지만, 결국 싸우다 지쳐 스스로 목을 베어 죽음을 선택했지.

하지만 온달 일행에게는 항우의 마지막을 안타까워할 시간이 없었어요. 다음 역사의 문이 또 열렸거든요.

고사성어 카드 다시 보기

산을 옮기는 신기한 노인을 만나고, 초한 전쟁의 한복판에까지 가게 된 설쌤 일행! 그곳에서 어떤 고사성어 카드를 모았는지 떠올려 볼까요?

우 공 이 산
愚 公 移 山
어리석을 **우** 공평할 **공** 옮길 **이** 메 **산**

어리석은 노인이 산을 옮긴다는 말로, 열심히 노력하면 아무리 어려운 일이라도 결국 이룰 수 있다는 뜻이에요.

90세가 된 우공이라는 노인이 살았어요. 노인의 집은 산에 가로막혀 다른 곳으로 오가기에 아주 힘들었어요. 이에 우공은 산의 흙을 퍼서 산을 옮기기로 결심했지요. 우공이 쉽사리 포기하지 않고 계속해서 산의 흙을 퍼 나르자, 놀란 산신은 하늘에 이를 전했고 하늘은 우공의 정성에 감동해 산을 옮겨 주었어요.

언젠간 다 파 버릴 테다!

일 희 일 비
一 喜 一 悲
한 **일** 기쁠 **희** 한 **일** 슬플 **비**

상황에 따라 기뻐했다 슬퍼했다 한다는 뜻이에요. '일희일비하지 말라'는 지금의 기쁨과 슬픔에 연연하지 말라는 뜻으로 쓰여요.

백전백승 百戰百勝
일백 **백** 싸움 **전** 일백 **백** 이길 **승**

백 번 싸워서 백 번 이긴다는 말로 싸울 때마다 이긴다는 뜻이에요.

백척간두 百尺竿頭
일백 **백** 자 **척** 낚싯대 **간** 머리 **두**

백 자 길이의 장대 위에 올라섰다는 말로, 몹시 어렵고 위태로운 지경을 일컫는 말이에요.

사면초가 四面楚歌
넉 **사** 낯 **면** 초나라 **초** 노래 **가**

사방에서 초나라 노래가 들려온다는 말로, 사방이 적으로 둘러싸인 절망적인 상태를 뜻하는 말이에요.

초나라의 항우와 한나라의 유방이 전투를 벌이던 중, 한나라군이 초나라군을 포위했어요. 유방은 초나라군의 사기를 떨어뜨리기 위해 군사들에게 밤마다 초나라 노래를 부르게 했어요. 노래를 들은 초나라 군사들은 고향 생각에 젖어 싸움을 포기하고 도망쳤고, 결국 한나라군이 승리했지요.

3화 삼국지에서 유래된 고사성어

설쌤은 유비, 관우, 장비를 만난 것이 너무 감격스러운 나머지 장비의 고함 소리도 들리지 않았어요. 장비의 창이 코앞으로 날아와서야 퍼뜩 정신을 차렸지요.

이크!

네놈 정체가 뭐냐고 물었지 않느냐?

챙!

관우 형님!

이 녀석, 너야말로 형님이 그만두라고 하시는 것 못 들었느냐!

퍽

유비가 설쌤에게 사과를 했어요.
"제 동생이 실례가 많았습니다. 괜찮으신지요?"
겨우 정신을 차린 설쌤은 유비를 향해 팬심을 고백했어요.
"괜찮습니다. 전 평소 세 분의 명성을 흠모하던 사람입니다."

중국 후한 말, 황제는 나라를 돌보는 데 소홀해졌고, 그 사이 궁궐을 장악한 열 명의 환관*인 십상시가 자기들 마음대로 나라를 다스렸어요. 결국 살기 힘들어진 백성들은 곳곳에서 난을 일으켰고, 이 혼란을 잠재우기 위해 전국의 영웅들이 일어났어요.

* 환관 : 궁중에서 임금의 시중을 들거나 벼슬을 하던 남자.

유비는 의형제를 맺은 관우, 장비와 함께 고통받는 백성들을 지키고 한나라를 다시 세우기 위해 의병을 일으켰지요. 하지만 경쟁자였던 조조와 싸우기만 하면 번번이 패하던 유비는 승리하기 위해서는 전략을 짤 책사를 얻어야 한다는 것을 깨달았어요. 그래서 깊은 산속에 학식이 뛰어난 자가 있다는 이야기를 듣고 찾아가는 길이었답니다.

저희도 따라가도 돼요?

물론이지요. 자, 갑시다.

유비 삼 형제와 온달 일행은 드디어 산속 깊은 곳에 있는 낡은 집에 다다랐어요. 유비가 온 걸 보자 집을 지키던 어린 동자가 밖으로 나왔죠.

오랜만이구나.

네, 벌써 세 번째 오시는 거죠?

뭐? 세 번이나?

시간이 얼마나 흘렀을까요. 한참을 지나서야 낮잠에서 깬 제갈량이 밖으로 나왔어요. 그동안 유비는 내내 서서 제갈량을 기다렸지요.

드디어 뵙는군요, 유비라 합니다.

제갈량이라 합니다.

삼고초려

인재를 얻으려면 이 정도 정성은 들여야지.

❖ 삼고초려(三 석 삼, 顧 돌아볼 고, 草 풀 초, 廬 오두막 려)는 유비가 제갈량을 얻기 위해 세 번이나 찾아가 간청한 데서 유래한 말로, 인재를 얻기 위해서는 정성이 필요하다는 뜻이에요.

삼고초려를 통해 만난 유비와 제갈량은 금세 친해져. 의형제였던 관우와 장비는 그 모습을 보고 질투를 하지. 그러자…

수어지교

> 수어지교(水 물 수, 魚 물고기 어, 之 어조사 지, 交 사귈 교)는 물과 물고기의 관계처럼 서로 떨어질 수 없이 아주 친밀한 사이를 뜻하는 말이에요.

내가 제갈량을 얻은 것은 물고기가 물을 만난 것과 같다. 어찌 그리 질투를 하느냐.

?

에잉!!

온달은 무언가를 깨달았는지 짐짓 진지한 목소리로 말했어요.

여기 와 보니까 확실히 알겠어요. 저한테는 제갈량 같은 설쌤이 있으니 이번 대결은 자신 있어요. 꼭 이기고 말 거예요!

?

권토중래

지난번엔 얼떨결에 이겼지만 이번엔 꼭 정정당당하게 승리할 거야!

❖ **권토중래**(捲 말 권, 土 흙 토, 重 거듭 중, 來 올 래)는 흙먼지를 일으키며 다시 돌아온다는 말로, 한 번 실패한 뒤 실력을 쌓아 다시 도전한다는 뜻이에요.

근데 설쌤이 제갈량이면 난 뭐야? 〈삼국지〉 최고의 미녀 초선?

〈삼국지〉 최고의… 장수, 장비?

뭐어?

거기 서!

설쌤, 빨리 역사의 문 좀 열어 줘요!

쌔앵!

설쌤 일행이 다음으로 도착한 곳은 천막을 쳐서 군인들이 임시로 머무를 수 있게 만든 막사였어요. 주변을 둘러보던 온달 일행은 밖에서 인기척이 들리자 잽싸게 숨었어요.

일단 숨어!

유비 그놈이 나를 이렇게 괴롭게 하다니…

조조잖아? 아마 한중 공방전이 열리는 중인 것 같구나.

한중 공방전이 뭔데요?

제갈량을 얻고 세력을 키운 유비는 조조와 한중 지역을 놓고 크게 싸움을 벌였어요. 그 싸움이 바로 한중 공방전이에요. 이전과 달리 유비에게 밀리자 조조는 크게 당황했지요.

군사를 돌리자니 한중 지역을 유비에게 넘겨주는 게 아깝고, 그렇다고 계속 싸우면 피해가 너무 크고… 이를 어쩌면 좋단 말이냐.

어? 어디선가 맛있는 냄새가 나는데….

식사하시지요. 오늘 저녁은 닭국입니다.

닭국을 먹으려던 조조는 닭의 갈비뼈를 보고 멈칫했어요. 살이 별로 없어 먹기는 귀찮지만, 막상 버리기엔 아까운 부위였어요.

이렇게 설쌤 일행이 고생할 동안, 황 대감 일행은 무엇을 하고 있었을까요?

그런데 갑자기 복숭아를 먹던 황 대감의 표정이 안 좋아졌어요. 맛있다고 복숭아를 너무 많이 먹다가 배 속에서 탈이 난 거예요.

역사의 문을 통과해서 나오자, 글공부를 하고 있는 사람들이 보였어요. 공자와 그의 제자들이었어요.

"자신의 목숨을 바쳐서라도 사람들에게 도움이 되는 일을 해야 함을 명심하거라."

"예."

"와, 저런 스승에게서 가르침을 얻는다면 어떨까…."

"그렇지! 나도 같은 생각… 뭐, 뭐라고?"

살신성인

"자신의 목숨을 바쳐서라도 사람들에게 도움이 되는 일을 해야 한다."

❖ 살신성인(殺 죽일 살, 身 몸 신, 成 이룰 성, 仁 어질 인)은 옳은 일을 위해서 자기를 희생한다는 뜻으로, 공자의 가르침에서 비롯된 말이에요.

고어의 말에 공자의 제자들은 큰 충격과 함께 감명을 받았어요. 결국 제자들 중 몇몇은 부모에게 효도를 하기 위해 고향으로 돌아갔어요.

수구초심

수구초심(首 머리 수, 丘 언덕 구, 初 처음 초, 心 마음 심)은 여우는 죽을 때 머리를 자기가 살던 굴 쪽으로 둔다는 뜻으로, 고향을 그리워하는 마음을 이르는 말이에요.

공갈과 황 대감이 다시 힘을 합칠 동안, 온달 일행은 장터에 도착했어요.

와, 여기 먹을 게 천지네.

닭고기를 먹고도 아직도 배가 고파?

장터라니…. 여기 대체 무슨 고사성어가 있단 말이지?

구경하세요!

쌉니다!

고사성어 카드 다시 보기

유비, 관우, 장비에 이어 제갈량과 조조까지 만났어요. 삼국지 속 인물들을 만나며 어떤 고사성어를 찾았는지 살펴볼까요?

삼고초려
三顧草廬
석 **삼**   돌아볼 **고**   풀 **초**   오두막 **려**

유비가 제갈량을 얻기 위해 세 번이나 찾아간 것에서 유래한 말로, 인재를 얻기 위해서는 그만큼의 정성이 필요하다는 뜻이에요.

후한 말, 유능한 인재를 찾고 있던 유비는 제갈량의 지혜가 출중하다는 소문을 듣고 직접 그의 집으로 찾아갔어요. 만남은 몇 번이나 어긋났고, 세 번째 찾아갔을 때야 겨우 제갈량을 만날 수 있었지요. 그 뒤 유비는 최고의 지략가인 제갈량을 얻어 전쟁에서 승승장구할 수 있었어요.

수어지교
水魚之交
물 **수**   물고기 **어**   어조사 **지**   사귈 **교**

물과 물고기의 관계처럼 서로 떨어질 수 없이 아주 친밀한 사이를 뜻하는 말이에요.

유비와 제갈량의 사이가 날로 가까워지자 유비의 의형제인 관우와 장비가 이를 못마땅하게 여겼어요. 그러자 유비가 관우와 장비를 불러 "내가 제갈량을 얻은 것은 물고기가 물을 얻은 것이나 마찬가지라네."라고 하였고, 이후 관우와 장비는 다시 불평하지 않았다고 해요.

권토중래 捲土重來
말 **권** 흙 **토** 거듭 **중** 올 **래**

흙먼지를 일으키며 다시 돌아온다는 말로, 한 번 실패한 뒤 실력을 쌓아 다시 도전한다는 뜻이에요.

유방에게 크게 져서 수세에 몰린 항우는 강동으로 가서 훗날을 기약하라는 조언을 거절하고 용맹하게 싸우다가 전사했어요. 훗날 당나라 시인인 두목은 항우의 마지막을 안타깝게 여기며 시를 남겼는데, '권토중래'는 '흙먼지를 일으키는 기세로 다시 돌아왔다면 끝은 알 수 없었으리라.'라는 구절에 나오는 말이에요.

계륵 鷄肋
닭 **계** 갈빗대 **륵**

버리기는 아쉽지만 먹을 것은 없는 닭의 갈비뼈를 뜻하는 말로, 큰 쓸모는 없지만 버리기는 아까운 것을 이르는 말이에요.

유비와 조조가 한중 지역을 놓고 쟁탈전을 벌일 때의 일이에요. 당시 유비가 방비를 단단히 하여 전쟁이 하염없이 길어지고 있었지요. 어느 날 조조가 닭국을 먹으며 진퇴를 고민하고 있는데 장수 하후돈이 들어와 그날 밤 암호를 묻자, 조조가 '계륵'이라고 했어요. 먹기는 귀찮지만 버리기에는 아까운 닭갈비처럼 한중도 그러하다는 뜻이었어요. 실제로 조조는 얼마 뒤 군대를 철수했답니다.

무릉도원
武陵桃源
굳셀 **무**　언덕 **릉**　복숭아 **도**　근원 **원**

복숭아나무가 있는 언덕이라는 뜻으로, 이상적인 세계를 이르는 말이에요.

진나라 때 무릉이라는 곳에 살던 한 어부가 물고기를 잡으려고 배를 타고 나섰다가 꽃이 만발한 복숭아나무 숲을 마주치게 되었어요. 숲을 지나 산 아래 있는 동굴로 들어갔더니, 그곳에는 기름진 논밭과 자그마한 집들이 모여 있는 아름다운 마을이 있었어요. 그곳 사람들은 모두 신선처럼 평화롭고 즐겁게 살고 있었지요. 어부는 마을 사람들에게 극진한 대접을 받고 며칠 뒤 집으로 돌아갔어요. 어부는 그곳을 다시 찾아가려 했지만 도무지 찾을 수 없었답니다.

과유불급
過猶不及
지나칠 **과**　오히려 **유**　아닐 **불**　미칠 **급**

지나친 것은 모자란 것과 같다는 뜻이에요.

제자 자공이 공자에게 자장과 자하 중 누가 낫냐고 묻자, 공자는 "자장은 지나치고 자하는 미치지 못한다."고 대답했어요. 자공이 그럼 자장이 더 낫냐는 말이냐고 묻자, 공자는 "지나친 것은 모자란 것과 같다."고 했어요.

살신성인 殺身成仁

죽일 살 | 몸 신 | 이룰 성 | 어질 인

옳은 일을 위해서 자기를 희생한다는 뜻으로, 공자의 가르침에서 비롯된 말이에요.

풍수지탄 風樹之嘆

바람 풍 | 나무 수 | 어조사 지 | 탄식 탄

바람과 나무의 탄식이라는 말로, 효도를 다하지 못한 채 부모를 잃은 자식의 슬픈 마음을 뜻해요.

울고 있는 고어에게 공자가 연유를 물었더니, "출세를 위해 고향을 떠나 부모에게 효도를 다하지 못했는데, 고향에 돌아오니 부모님이 이미 돌아가셨다."고 답했어요. 나무는 흔들리고 싶지 않지만 바람은 멈추지 않고, 자식이 부모를 봉양하려고 하지만 부모는 기다려 주지 않지요.

수구초심 首丘初心

머리 수 | 언덕 구 | 처음 초 | 마음 심

여우는 죽을 때 자기가 살던 굴 쪽으로 머리를 둔다는 뜻으로, 고향을 그리워하는 마음을 이르는 말이에요.

강태공은 무왕을 도와 주나라를 세우는 데 큰 공을 세워, 제나라 제후에 봉해진 인물이에요. 제나라를 강대국으로 키웠지만, 훗날 주나라에 와서 장례를 치른 것에서 '수구초심'이라는 고사성어가 유래했어요.

4화 '와신상담'과 '오월동주' 이야기

사람들로 시끌벅적한 장터 한가운데 떨어진 온달 일행은 고사성어를 찾아 두리번거렸어요. 하지만 고사성어의 흔적은 어디에도 보이지 않았어요.

그때 어떤 아이가 온달 일행을 불러 세웠어요.
"이봐, 혹시 뭐 찾는 거 있어?"
고개를 돌려 보니 한 아이가 그림이 그려진 나무판자 여러 개를 늘어놓고 팔고 있는 것이 보였어요.

그런데 장사하는 사람 흉내 내는 게 뭐가 문제예요?
장사하면 돈 많이 벌고 좋잖아요.

예전에는 상인들이 천대받았었거든.
물론 지금은 세상이 크게 변해
위상이 많이 달라졌지만 말이다.

앗! 이건?

상전벽해

❖ 상전벽해(桑 뽕나무 상, 田 밭 전, 碧 푸를 벽, 海 바다 해)는 뽕밭이 푸른 바다가 되었다는 말로, 세상의 풍경이나 일이 몹시 달라진 것을 뜻해요.

"상전벽해 하는 건 세상만이 아니지. 저 꼬마 아이가 중국 최고의 사상가 맹자가 된다니 말이야."

"네? 그 유명한 맹자요?"

"저 애는 공부와는 담을 쌓은 것 같은데…."

설쌤은 온달과 평강에게 두고 보라더니, 맹자의 엄마에게 다가가 뭐라고 속삭였어요. 설쌤의 이야기를 들은 맹자 엄마는 뭔가 깨달았다는 듯한 표정을 짓더니 맹자를 데리고 자리를 떠났지요.

"조언 고마워요, 오호호호호호!"

"아닙니다. 제 말 잊지 마세요."

"아들, 우리 이사 가자아아아!"

"엥? 우리 또 이사 가요?"

"대체 무슨 말을 하셨길래 저분이 저렇게 좋아하시는 거예요?"

"별말 아니란다. 그저 사람은 주변 환경의 영향을 잘 받는다고 했지."

"우리도 따라가 볼까?"

맹자 엄마가 새로 이사 간 곳은 바로 서당 근처였어요. 늘 훈장님과 제자들의 글 읽는 소리가 들리는 곳이었지요. 그곳으로 이사 간 맹자는 몰라보게 달라졌어요. 글 읽는 소리를 따라 하기 시작한 거예요!

"역시, 이사 오길 잘했어."

"하늘 천, 땅 지!"

"?"

"하늘 천, 땅 지!"

온달 일행이 다음으로 도착한 곳은 제나라의 궁 안이었어요.
그런데 그곳에 왠지 낯익은 인물이 있었어요.

어? 저 사람은... 혹시 맹자?

어, 맞네? 벌써 시간이 이렇게 지난 거예요?

그동안 공부를 열심히 한 맹자는 커서 세상을 떠돌아다니며 사람들을 가르쳤어. 그의 소문을 듣고 제나라의 선왕이 가르침을 얻기 위해 그를 부른 거지.

내가 중국을 통일하기 위해선 어찌해야 하는지 알려 줄 수 있는가?

왕께서는 중국 통일을 위해 전쟁을 하고 계시지요. 하지만 전쟁만 해서는 절대 통일을 이룰 수 없습니다.

그럼, 어찌해야 한단 말인가?

어짊과 겸손함, 즉 인의로 백성을 다스리는 왕도 정치를 해야만 합니다.

맹자는 인의를 통한 왕도 정치만이 세상을 평화롭게 하고 진정한 통일을 이룰 수 있는 길이라고 생각했어요. 그래서 전쟁으로 통일을 이루려고 하는 왕에게는 쓴소리를 마다하지 않았지요.

무력으로 중국 천하를 통일하려 하는 건 나무에 올라서 물고기를 구하는 것과 다를 바가 없는 일입니다.

선왕을 꾸짖는 맹자를 본 온달은 진심으로 감탄했어요.

시장에서 장난치던 꼬맹이가 저렇게 훌륭한 스승이 되다니, 내가 다 뿌듯하네.

연목구어

무력으로는 천하를 통일할 수 없습니다!

❖ 연목구어(緣 인연 연, 木 나무 목, 求 구할 구, 魚 물고기 어)는 나무에 올라 물고기를 구한다는 말로, 도저히 불가능한 일을 굳이 하려는 것을 뜻해요.

이 시각 황 대감과 공갈은 무얼 하고 있을까요? 황 대감과 공갈이 공자를 떠나 도착한 곳은 춘추 전국 시대의 오나라였어요. 당시 오나라는 바로 옆에 있는 월나라와 한창 전쟁 중이었어요.

오나라의 왕 합려는 병사를 이끌고 월나라로 쳐들어갔어요. 하지만 합려는 월나라의 왕 구천에게 크게 진 데다 목숨까지 잃었지요. 부차는 한순간에 나라의 왕이자 아버지를 잃게 된 거예요. 부차는 복수를 꿈꾸며 그날부터 가시투성이인 장작 위에서 잠을 자기 시작했어요.

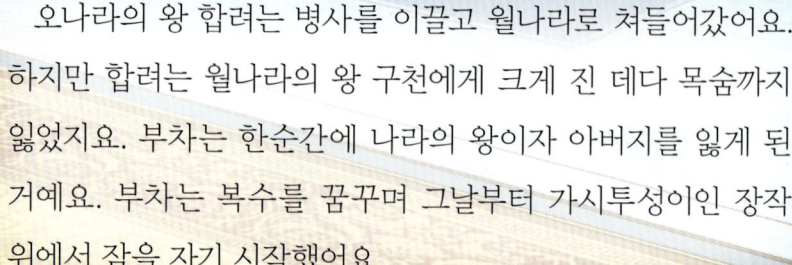

아버지의 죽음을 꼭 되갚아 주겠습니다!

게다가 부차는 부하들이 자신의 방에 들어올 때마다 인사 대신 이런 말을 하게 했어요.

죄, 죄송합니다. 부차님.

부차야, 너는 아버지가 월나라의 왕 구천에게 죽은 것을 잊었느냐.

아니오, 절대 잊지 않았습니다!

절절한 마음이 전해져 보고 있기가 가슴이 아픕니다….

그러게 말이다.

?

어, 저건?

와신

고사성어를 발견했구나!

그런데 이상합니다.
이건 반쪽짜리 카드입니다.
나머지는 대체
어디 있을까요?

구천은 곰 쓸개를 구해 매일 혀로 핥았어요. 곰 쓸개는 좋은 약재이지만 너무 써서 혀를 대기만 해도 견딜 수 없는 쓴맛이 느껴지는데 말이에요.

꼭 오나라에 복수하고 말겠다!

으…, 너무 쓸 거 같은데.

패배의 쓴맛을 잊지 않겠다는 의미겠지.

꼭 저렇게 싸우고 복수를 하는 게 맞는 건지 모르겠어요.

상담

온달아, 저기!

"이게 뭐지? 왜 카드가 반쪽뿐인 거지?"

"저기 봐, 역사의 문이 열렸어!"

온달이 반쪽짜리 고사성어 카드를 발견하자 갑자기 역사의 문이 열려 그들을 끌어당기기 시작했어요. 그리고 그 시각, 공갈과 황 대감에게도 역사의 문이 나타났어요.

"으아아아아!"

"으아아아아!"

온달 일행과 공갈 일행이 도착한 곳은 바로 배 위였어요. 그리고 서로 만난 고사성어 카드 두 장은 하나로 합쳐지기 시작했어요.

"고사성어가 하나가 되기 위해 서로를 끌어당긴 거구나."

와신상담

✦ **와신상담**(臥 누울 와, 薪 섶 신, 嘗 맛볼 상, 膽 쓸개 담)은 섶에 누워 자고 쓸개를 핥는다는 뜻으로, 복수나 어떤 목표를 이루기 위해 참고 기다리는 걸 말해요.

배가 뒤집히려고 하자 다들 배에서 떨어지지 않으려고 버티기 시작했어요. 방금까지만 해도 서로 다투던 설쌤과 황 대감도 서로를 꼭 붙잡았지요. 그리고 오나라 사람과 월나라 사람은 힘을 합쳐 돛대에 묶인 줄을 풀어 돛을 펼치려 했어요.

오월동주

❖ 오월동주(吳 오나라 오, 越 월나라 월, 同 한가지 동, 舟 배 주)는 아무리 서로 사이가 안 좋아도, 서로의 이해관계가 맞으면 협력할 수 있다는 말이에요.

"이 카드, 꼭 지금 우리한테 하는 말 같지 않아?"

"그러게."

고사성어 카드 다시 보기

모두 힘을 합친 덕분에 흔들리는 배 위에서 구사일생으로 목숨을 구했어요. 남은 카드도 모두 찾을 수 있게 온달 일행을 응원하며 힘을 보태 볼까요?

상전벽해
桑田碧海
뽕나무 **상** 밭 **전** 푸를 **벽** 바다 **해**

뽕밭이 푸른 바다가 되었다는 말로, 세상의 풍경이나 일이 몹시 달라진 것을 뜻해요.

왕방평이라는 신선이 채경이라는 귀족의 집에 내려왔어요. 용이 끄는 수레를 타고 내려오는 신선의 모습은 장관이 따로 없었지요. 채경의 가족과 인사를 나눈 뒤 잔치가 벌어지려고 하는데, 왕방평이 마고 선녀를 불러왔어요. 아름다운 용모의 마고 선녀는  선계의 음식을 가져오며 왕방평에게 "제가 신선님을 섬기고부터 지금까지 동해 바다가 세 번이나 뽕나무밭으로 바뀌는 것을 보았습니다. 봉래 앞바다도 얕아져 다시 육지가 되려 합니다."라고 했어요. '상전벽해'는 마고 선녀의 이 말에서 유래한 말이에요.

맹모삼천
孟母三遷
맏 **맹**   어미 **모**   석 **삼**   옮길 **천**

맹자의 어머니가 교육을 위해 세 번 이사했다는 말로, 교육에는 환경이 중요하다는 뜻이에요.

어릴 때 공동묘지 근처에 살던 맹자는 장례 치르는 흉내를 내며 놀았다고 해요. 이를 보고 놀란 맹자의 어머니는 장터 근처로 이사했지요. 그러자 이번에는 장사꾼 흉내를 내는 게 아니겠어요? 결국 맹자의 어머니는 서당 옆으로 이사를 갔고, 맹자는 그곳에서 글 읽는 소리를 따라 했지요.

연목구어
緣木求魚
인연 **연**   나무 **목**   구할 **구**   물고기 **어**

나무에 올라가서 물고기를 구한다는 뜻으로, 도저히 불가능한 일을 굳이 하려 한다는 말이에요. 맹자가 제나라의 선왕에게 남긴 조언에서 유래했어요.

와 신 상 담
臥 薪 嘗 膽
누울 **와** 섶 **신** 맛볼 **상** 쓸개 **담**

섶에 누워 자고 쓸개를 핥는다는 뜻으로, 복수나 어떤 목표를 이루기 위해 참고 기다리는 걸 말해요.

춘추 시대 말, 오나라의 왕 합려는 월나라에 쳐들어갔다가 오히려 크게 패하고 부상을 입어 죽고 말았어요. 합려는 죽기 전에 아들인 부차에게 원수를 꼭 갚으라는 유언을 남겼지요. 왕위를 물려받은 부차는 복수를 잊지 않기 위해 가시 많은 나무 위에서

잤고, 신하들에게 방을 드나들 때마다 "월나라 사람들이 네 아버지를 죽인 일을 잊었느냐."고 외치게 했어요. 결국 부차는 월나라를 상대로 이겼고, 월나라의 왕 구천은 항복하고 오나라의 포로가 되었지요. 이후 월나라로 돌아온 구천은 머리맡에 쓸개를 달고 수시로 핥으며 치욕을 되새겼어요. "부차에게 당한 치욕을 잊었느냐!"고 외치면서 말이에요.
20년 뒤 월나라는 오나라를 공격해 승리하고 부차는 스스로 목숨을 끊었어요. 부차의 이야기에서 '와신', 구천의 이야기에서 '상담'이라는 말이 유래한 거랍니다.

오월동주
吳 越 同 舟
오나라 **오** 월나라 **월** 한가지 **동** 배 **주**

아무리 서로 사이가 안 좋아도, 서로의 이해관계가 맞으면 협력할 수 있다는 말이에요.

'와신상담'에서 보았듯 오나라와 월나라는 오랜 세월 동안 다투어 서로 원수 같은 사이예요. 어느 날 오나라와 월나라 사람이 한 배를 탈 일이 있었는데, 강 한가운데 이르렀을 때 갑자기 비바람이 몰아쳤어요. 배가 뒤집히려고 하자 오나라와 월나라 사람은 언제 사이가 안 좋았냐는 듯 서로 힘을 합쳐 돛대를 펼치기 시작했어요. 서로의 왼팔과 오른팔이 된 것처럼 힘을 합쳐 애썼더니 결국 돛을 펼치고 목숨을 구할 수 있었지요.

이는 유명한 병법서인 <손자>에 나오는 이야기예요. 위기 상황에서는 공동의 목표를 위해 서로 힘을 합쳐야 한다는 예시로 쓰였어요.

5화 조선 시대 '함흥차사' 이야기

설쌤과 황 대감은 결국 못 이기는 척 화해를 했어요. 마침 두 사람 사이처럼 하늘도 비구름이 걷히고 맑아졌지요.

누가 평강이의 말을 듣기라도 한 걸까요? 기다렸다는 듯이 역사의 문이 눈앞에서 열렸어요. 온달 일행은 이제 곧 마지막이라는 생각에 비장하게 역사의 문으로 들어갔어요.

역사의 문에서 나와 도착한 곳은 조선 시대였어요. 주변을 아무리 둘러봐도 고사성어의 기운이 느껴지지 않자, 흩어져서 찾아보기로 했어요.

그런데 얼마 가지 않아 온달은 사람들이 수군거리는 소리를 듣게 되었어요.

* **차사** : 임금이 중요한 임무를 위하여 파견하던 벼슬아치.

| 설쌤의 한국사 이야기 |

조선을 세운 제1대 임금 태조 이성계는 여덟 왕자 가운데 막내인 방석을 세자로 삼았단다. 건국 과정에서 공이 컸던 다섯째 아들 방원은 이에 불만을 품었지.

결국 방원은 반대 세력인 정도전과 세자 방석 등을 제거했고, 이에 이성계는 둘째 아들 방과(정종)를 왕으로 세우고 함흥으로 가 버렸어. 이후 세자 자리를 두고 방원과 넷째인 방간이 맞붙게 되었는데, 이때 방원이 승리하면서 권력을 확고히 하게 되었고 1400년에 임금의 자리에 올랐어.

방원이 바로 조선 제3대 임금 태종이야. 왕위에 오른 방원은 이성계를 한양으로 다시 모셔 오려고 함흥으로 차사를 여러 번 보냈지만, 형제들에게 칼을 겨누고 왕위에 오른 것을 매우 못마땅하게 여겼던 이성계는 돌아가려 하지 않았지.

"심지어 찾아온 차사를 죽이거나 가두었다는 이야기도 전해져. 이 때문에 심부름 갔다가 소식이 없는 경우를 일컬어 '함흥차사'라고 부르지."

설쌤의 말을 들은 평강이 깜짝 놀라 물었어요.

"그럼 정말 사람을 죽였던 거예요?"

"사실 실제 역사 기록으로 전해지는 이야기는 아니야. 하지만 이성계의 분노가 그만큼 컸다는 걸 의미하는 거겠지."

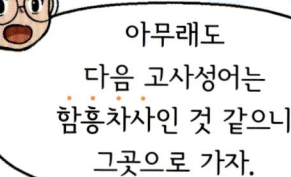

아무래도 다음 고사성어는 함흥차사인 것 같으니 그곳으로 가자.

그곳이 어디예요?

함흥본궁!

온달이 가리킨 곳에는 이성계가 있었어요. 크게 분노한 듯한 모습에 온달 일행은 기가 눌리고 말았어요.

?

이방원 이놈!
내 눈에 흙이 들어가기 전까지 절대 용서하지 않을 것이다!

천인공노

절대 용서하지 않을 것이다!

❖ 천인공노(天 하늘 천, 人 사람 인, 共 함께 공, 怒 성낼 노)는 하늘과 사람이 함께 노한다는 뜻으로, 증오스럽거나 도저히 용납할 수 없음을 이르는 말이에요.

웬 놈들이냐!

"이노오오오옴들!"

다다 다다

그때였어요. 어디선가 호탕한 웃음소리가 들려왔어요.

"하하하! 태상왕 전하, 잘 지내셨습니까?"

"아니, 무학 대사 아니오."

이성계는 무학 대사와 이야기를 나누느라 온달 일행은 잠시 잊은 듯했어요. 그때 이성계의 머리 위로 또 다른 말풍선이 떠올랐지요!

허심탄회

◆ 허심탄회(虛 빌 허, 心 마음 심, 坦 평탄할 탄, 懷 품을 회)는 마음을 비우고 품은 생각을 털어놓는다는 뜻으로, 거리낌이 없는 솔직한 마음을 이르는 말이에요.

"제가 어디 가란다고 갈 사람입니까? 저는 그저 오래된 친구를 보러 왔을 뿐입니다."

"들어가세, 오늘은 밤새 밀린 이야기나 하세나."

그날 이성계는 무학 대사와 한참 이야기를 나눈 뒤, 함께 한양으로 돌아갔어요. 이방원을 진정한 조선의 왕으로 인정한 것이었지요. 이방원 역시 아버지에게 진심으로 용서를 빌고, 조선을 바로 세우기 위해 온 노력을 다했어요. 그렇게 조선왕조 500년의 기틀이 만들어졌던 거에요.

온달은 두리번거리며 고사성어를 찾고 있는 황 대감과 공갈이를 보았어요. 설쌤은 이제 마지막 하나만 찾으면 고사성어 모험이 끝난다고 했지요.

마침 역사의 문이 열렸어요. 그렇다면 과연 마지막 고사성어는 무엇일까요?

장승요가 그린 그림은 너무 실감 나서 용이 금방이라도 하늘을 날 것처럼 보였어요. 모두들 그림을 보며 감탄했지요.

오오! 마치 용이 살아 있는 것 같구먼!

어, 뭐야. 여기 덜 그렸잖아요!

장승요가 용의 눈동자를 그리자 갑자기 용의 눈에서 빛이 발하더니 용이 꿈틀거리며 벽에서 나와 하늘로 올라가 버렸어요. 그런데 큰일이에요! 고사성어 말풍선이 용과 함께 하늘로 올라가 버렸지 뭐예요!

온달이 장승요처럼 용 그림에 눈동자를 찍자, 그 용도 살아나 움직이기 시작했어요. 온달은 얼른 용에게 올라탔지요.

화룡점정

❖화룡점정(畵 그림 화, 龍 용 룡, 點 점 점, 睛 눈동자 정)은 무슨 일을 하는 데 가장 중요한 부분을 마쳐서 완성시키는 것을 이르는 말이에요.

고사성어 카드 다시 보기

온달 일행은 이성계의 수하들에게 잡혀 감옥에 갇힐 뻔했어요! 하지만 위기를 극복하고 고사성어 대모험의 화룡점정을 찍었네요!

천인공노
天人共怒
하늘 **천** 사람 **인** 함께 **공** 성낼 **노**

하늘과 사람이 함께 노한다는 뜻으로, 증오스럽거나 도저히 용납할 수 없음을 이르는 말이에요.

함흥차사
咸興差使
다 **함** 일어날 **흥** 보낼 **차** 사신 **사**

심부름을 가서 돌아오지 않거나 아무 소식이 없음을 비유하는 말이에요.

조선의 제1대 임금 태조 이성계는 세자 자리를 정하는 과정에서 다섯째 왕자인 방원이 다른 왕자와 신하를 해치자, 이를 못마땅하게 여겨 왕위를 둘째 왕자인 방과(정종)에게 물려주고 함흥으로 내려갔어요.

훗날 왕위에 오른 방원(태종)은 아버지를 다시 궁으로 모시려고 차사를 보냈지만, 이성계는 차사를 죽이거나 가두었다고 전해지지요.

허심탄회
虛心坦懷
빌 **허**   마음 **심**   평탄할 **탄**   품을 **회**

마음을 비우고 품은 생각을 터놓는다는 뜻으로, 거리낌이 없는 솔직한 마음을 이르는 말이에요.

화룡점정
畵龍點睛
그림 **화**   용 **룡**   점 **점**   눈동자 **정**

무슨 일을 하는 데 가장 중요한 부분을 마쳐서 완성시키는 것을 이르는 말이에요.

남북조 시대 때 살았던 장승요는 당대 최고의 화가로 손꼽히는 인물입니다. 실물로 착각할 만큼 똑같이 그리기로 유명했지요. 장승요가 금릉에 있는 안락사에 용을 그렸는데, 이상하게도 용을 다 그리고도 눈동자를 그리지 않고  남겨 두었어요. 이를 의아하게 생각한 사람들이 이유를 묻자, 장승요는 눈동자까지 다 그리면 용이 날아가기 때문이라고 답했어요. 사람들이 이를 믿지 않자 장승요는 눈동자를 마저 그렸고, 그림이 완성되자마자 갑자기 용이 살아나 하늘로 올라갔다고 해요.

고사성어 카드 짝 맞추기

으악! 고사성어 카드가 찢어졌어.
설쌤이 오시기 전에 어서 카드의 짝을 찾아야 해.

천인공노 •

• 심부름을 가서 오지 않거나 늦게 온 사람을 이르는 말.

화룡점정 •

• 가장 중요한 부분을 완성함을 비유적으로 이르는 말.

허심탄회 •

• 증오스럽거나 도저히 용납할 수 없음을 뜻함.

함흥차사 •

• 품은 생각을 터놓고 말할 만큼 아무 거리낌이 없고 솔직함.

숨은 고사성어 찾기

다음 네모 칸에는 14개의 고사성어가 숨어 있어요. 가로, 세로, 대각선 방향으로 숨은 고사성어들을 모두 찾아보세요.

〈숨은 고사성어〉

결초보은, 과유불급, 맹모삼천, 목불식정, 백전백승, 백척간두, 살신성인, 삼고초려, 새옹지마, 수구초심, 수어지교, 천인공노, 풍수지탄, 허심탄회

백	전	백	승	풍	가	나	다	목	라
척	천	자	문	수	교	과	유	불	급
간	살	새	옹	지	마	온	달	식	평
두	신	바	어	탄	황	대	감	정	강
사	성	수	아	자	차	카	타	파	하
천	인	공	노	설	맹	모	삼	천	공
고	사	성	어	쌤	회	일	고	이	갈
대	격	돌	로	탄	이	결	초	보	은
수	구	초	심	빈	성	삼	려	사	유
월	화	허	수	목	계	금	토	일	비

에필로그 '일거양득' 떡순이!

화룡점정 카드를 마지막으로 100개의 고사성어 카드를 모두 모으자, 고사성어들이 모두 제자리로 돌아왔어요. 고사성어를 찾는 대모험이 드디어 끝이 난 거예요!

모험이 끝나자 공갈과 황 대감은 다시 고구려로 돌아갔고, 설쌤 일행도 그리운 집으로 돌아가기로 했어요.

다음에 만나면 꼭 네놈이 부마 자격이 없다는 걸 명명백백하게 밝혀낼 것이야!

하하, 저희는 이만 갈게요.

다음에 또 만나요!

황 대감 저 사람이….

잘 가세요!

이제 다 끝났으니 그곳으로 가야겠군!

어, 어디?

온달이 간 곳은… 분식 골목이었어요. 고사성어를 찾느라 잠시 멈췄던 떡볶이 맛집 탐방을 다시 시작한 거예요. 참 한결같은 온달이지만, 분명 달라진 점이 있었어요. 그게 뭐냐고요?

네가 얼마나 그리웠는지 몰라, 떡볶이야!

오자마자 떡볶이라니….

왜요, 온달이답잖아요.

아, 그런데 어느 떡볶이집을 가지? 전통의 국물 떡볶이냐, 대세인 크림 떡볶이냐!

어차피 둘 다 먹을 거면서 뭘 그렇게 고민해.

왈!

아니에요, 오늘은 한 곳만 갈 거예요.

왜? 온달아, 어디 아파? 왜 한 곳만 가?

한 끼에 두 떡볶이를 먹으면 떡볶이의 참맛을 제대로 느낄 수 없단 말이에요. 과유불급이랄까요?

세상에, 온달이가 고사성어를 썼어….

심지어 뜻도 딱 맞아요!

결정했어요! 여긴 떡볶이와 순대를 같이 먹을 수 있는 떡순이 메뉴가 있어서 일거양득이거든요.

일거양득까지?

가짜 온달인가?

갑자기 너무 변하니 좀 무서워지려 하는구나.

　맛있게 떡볶이를 먹는 온달이의 모습을 보니, 이제 정말 고사성어 모험이 끝난 것 같네요. 하지만 아직 세상은 넓고 온달이가 칠 사고도 많이 남았어요. 그러니 곧 또 다른 모험이 시작되겠지요. 그럼 우리 그때 다시 만나기로 해요! 꼭!

- 설민석의 고사성어 대격돌 끝!

옛 지도로 보는 고사성어

고사성어와 관련된 지역의 지도를 살펴보면 고사성어에 대해 더 깊이 이해할 수 있을 거예요. 지도를 보면서 지금까지 배웠던 고사성어들을 다시 한번 익혀 봐요.

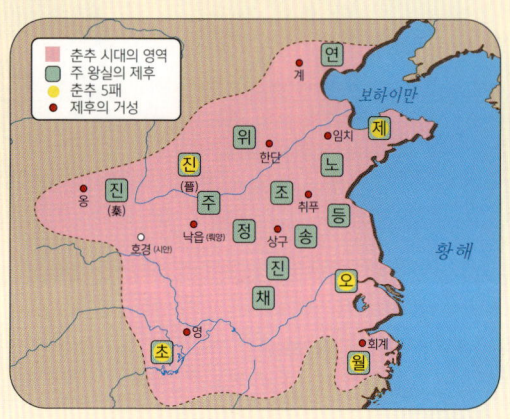

오월동주(吳越同舟), 와신상담(臥薪嘗膽)이 유래했던 시대의 지도를 살펴볼까요? 두 고사성어 모두 오나라와 월나라 간의 다툼에 대한 내용이에요. 지도를 보면 알 수 있듯이 오나라와 월나라는 지리적으로 가까워 다툼이 많을 수밖에 없었어요. 엎치락뒤치락하던 두 나라는 기원전 473년에 월나라가 오나라를 멸망시키고, 이후 기원전 334년에 초나라가 월나라를 멸망시키면서 끝이 났지요.

오나라와 월나라 그리고 제나라, 진나라, 초나라를 '춘추 5패'라 일컫는데, 이는 춘추 시대 때 강성했던 다섯 나라를 말해요. 주나라가 유목 민족의 침입으로 수도가 함락되어 수도를 서쪽의 호경에서 동쪽의 낙읍으로 옮긴 기원전 770년부터 기원전 403년까지를 춘추 시대, 기원전 403년부터 진나라가 중국을 통일한 기원전 221년까지를 전국 시대라고 해요. 춘추 전국 시대는 주나라 왕실의 권위가 무너져 버리고, 대신 각 지방의 제후들이 스스로를 왕이라 칭하며 서로 싸움을 계속했던 아주 혼란한 시기였어요.

초기에는 제후국의 수가 170여 개에 이르렀으나, 점차 줄어 말기에는 진나라, 초나라, 연나라, 제나라, 조나라, 한나라, 위나라까지 단 7개국만 남았어요. 이를 '전국 7웅'이라고 해요. 전국 7웅 중의 하나였던 진나라는 다른 나라를 모두 정복하고 기원전 221년에 중국을 통일했지요. 진의 시황제는 강력한 중앙 집권 정책으로 나라의 기반을 다졌으나, 만리장성 등의 대규모 토목 공사에 백성들을 강제 동원하고, 유학자들을 생매장하고 책을 불태우는 분서갱유를 저지르기도 했어요. 이에 백성들의 원망이 높아져 전국 각지에서 반란이 일어나 진나라는 통일한 지 15년 만에 멸망했지요. 이후 유방의 한나라와 항우의 초나라가 서로 세력을 다투었고, 결국 한나라가 승리했어요. 역발산기개세(力拔山氣蓋世)*라 불리던 항우가 유방에게 포위되어 사면초가(四面楚歌)의 상황에 몰려 패한 거예요.

* **역발산기개세(力拔山氣蓋世)** : 항우가 해하 전투에서 포위되었을 때, 적군이 부르는 초나라 노래를 듣고 읊었다는 시의 한 구절이에요. 산을 뽑을 만큼 힘이 매우 세고 기개는 세상을 덮을 만큼 웅대하다는 뜻으로, 천하를 호령했던 항우의 힘과 기개를 말하지요.

연표로 보는 고사성어

고사성어의 유래를 살펴보면 실제로 일어났던 역사적인 사건들도 많이 있어요.
연표를 보며 고사성어의 배경이 되었던 사건들을 되짚어 볼까요?

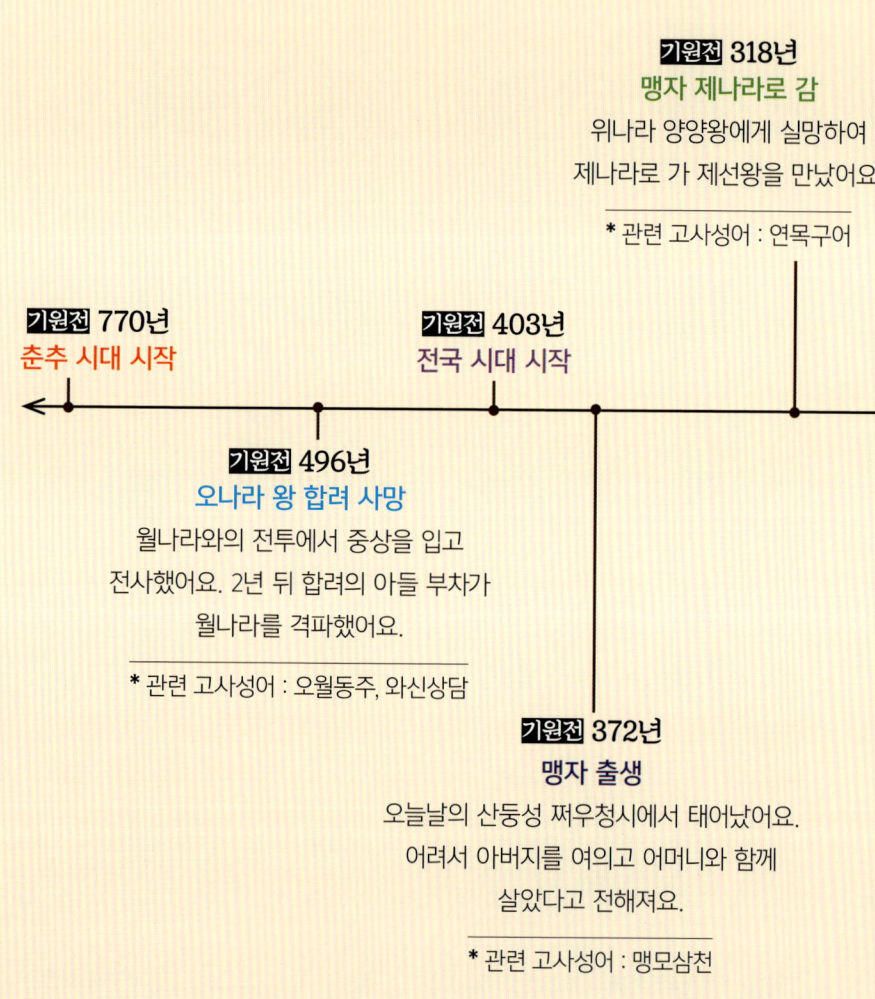

기원전 318년
맹자 제나라로 감
위나라 양양왕에게 실망하여 제나라로 가 제선왕을 만났어요.
* 관련 고사성어 : 연목구어

기원전 770년
춘추 시대 시작

기원전 403년
전국 시대 시작

기원전 496년
오나라 왕 합려 사망
월나라와의 전투에서 중상을 입고 전사했어요. 2년 뒤 합려의 아들 부차가 월나라를 격파했어요.
* 관련 고사성어 : 오월동주, 와신상담

기원전 372년
맹자 출생
오늘날의 산둥성 쩌우청시에서 태어났어요. 어려서 아버지를 여의고 어머니와 함께 살았다고 전해져요.
* 관련 고사성어 : 맹모삼천

207년
유비와 제갈량 만남

유비는 제갈량을 만나기 위해 세 번이나 그를 찾아갔어요. 덕분에 유비는 제갈량이라는 훌륭한 전략가를 얻어 세력을 넓힐 수 있었어요.

* 관련 고사성어 : 삼고초려, 수어지교

기원전 221년
진나라 중국 통일

221년
유비 촉나라 건국

기원전 202년
해하 전투, 항우 사망

해하에서 벌어진 전투에서 유방이 크게 승리했고, 이에 항우는 스스로 죽음을 선택했어요. 항우의 죽음으로 초나라 세력 아래 있던 여러 왕들이 유방에게 항복하여 천하를 통일할 수 있었어요.

* 관련 고사성어 : 사면초가, 권토중래

219년
한중 전투

한중 지역을 두고 유비와 조조가 겨룬 전투예요. 유비가 단단히 방어하여 싸움이 길어지자, 조조는 싸움에 승산이 없다고 판단하고 퇴각했어요.

* 관련 고사성어 : 계륵

인물로 보는 고사성어

고사성어의 유래가 된 이야기 속에 나온 인물들을 떠올려 보세요. 그중에는 역사상 중요한 인물도 많이 있어요. 그 인물들을 좀 더 자세히 알아봐요.

사면초가
四面楚歌
사방이 적으로 둘러싸인 절망적인 상태.

권토중래
捲土重來
한 번 실패한 뒤 실력을 쌓아 다시 도전한다는 뜻.

항우(기원전 232~기원전 202)
초나라 귀족 출신으로, 어려서부터 힘이 세고 검술 실력도 뛰어났어요. 중국 진나라 말기에 유방과 힘을 합쳐 진나라를 멸망시킨 뒤 서초의 패왕이 되었으나, 유방과 천하를 놓고 겨루다 해하에서 포위되어 30세의 젊은 나이에 스스로 목숨을 끊고 말았어요.

유방(기원전 247~기원전 195)
평민 출신으로 태어났으나, 진나라를 멸망시킨 뒤 항우와의 대결에서 승리하여 한나라 제1대 황제가 되었어요. 독불장군이었던 항우와 달리 장량, 한신, 소하 등의 훌륭한 인재들을 등용하고 잘 활용하여 천하를 통일할 수 있었지요.

삼고초려 (三顧草廬)
인재를 얻기 위해서는 그만큼의 정성이 필요하다는 뜻.

수어지교 (水魚之交)
물과 물고기의 관계처럼 아주 친밀한 사이.

유비 (161~223)
중국 후한 말, 혼란스러운 황실로 인해 백성들의 삶이 힘들어지자 황건적의 난이 일어났어요. 유비는 이때 관우, 장비와 의형제를 맺고 난을 진압하면서 점차 세력을 키우기 시작했지요. 이후 한나라는 멸망하고 위, 촉, 오, 세 나라로 분열되는데, 유비가 바로 삼국 시대 촉한의 제1대 황제예요.

제갈량 (181~234)
유비가 그를 군사로 얻기 위해 세 번이나 찾아가 만나려고 할 정도로 뛰어난 전략가예요. 유비를 도와 오나라 손권과 힘을 합쳐 적벽에서 조조를 물리친 사건이 유명하지요. 뛰어난 지략으로 유비가 황제의 자리에 오르는 데 큰 공을 세워, 촉한의 승상 자리에 올랐어요.

계륵 (鷄肋)
가지기에는 아쉽지만 버리기에도 아까운 상황이나 물건.

조조(155~220)
중국 후한 말, 황건적의 난을 평정하고, 동탁, 원소 등을 물리치면서 중심 세력으로 떠올랐어요. 유비의 최대 맞수로 꼽히는 인물이에요. 216년에 스스로 위왕의 자리에 앉았고, 조조가 죽은 뒤 아들인 조비가 위나라 초대 황제가 되었어요.

살신성인 (殺身成仁)
옳은 일을 위해서라면 목숨을 버릴 수 있어야 한다.

풍수지탄 (風樹之嘆)
효도를 다하지 못한 채 부모를 잃은 자식의 슬픈 마음.

공자(기원전 551~기원전 479)
중국 춘추 시대의 사상가이자 학자예요. 여러 나라를 돌아다니며 많은 왕과 제후를 만나 인(仁)을 중심으로 하는 사상을 널리 알리려 했어요. 고향인 노나라로 돌아와서는 제자들을 가르치는 데 전념했고, 제자들이 그의 말과 사상을 엮어 《논어》를 지었어요.

맹모삼천
孟母三遷

교육에는 환경이 중요하다는 뜻.

연목구어
緣木求魚

도저히 불가능한 일을 굳이 하려는 것.

맹자(기원전 372~기원전 289)
중국 전국 시대의 사상가이자 학자예요. 공자가 죽고 100년 뒤쯤 등장한 인물이에요. 왕과 제후들에게 인의(仁義)를 바탕으로 하는 왕도 정치를 전하고 다녔어요. 인간은 본래 선하다는 성선설을 주장하기도 했어요.

함흥차사
咸興差使

심부름을 가서 돌아오지 않거나 아무 소식이 없음을 비유하는 말.

이성계(1335~1408)
고려 말의 무신으로, 홍건적과 왜구를 물리쳐 공을 세웠어요. 1388년에 요동 정벌 길에 나섰다가 왕의 명을 어기고 위화도에서 군대를 돌려 정변을 일으켰어요. 이 일로 권력을 잡은 이성계는 4년 뒤인 1392년에 새로운 나라인 조선을 세우고 제1대 왕 태조가 되었지요.

고사성어 초성 퀴즈!

이야기를 떠올리며 고사성어 초성 퀴즈 100개를 모두 풀어 보세요.
고사성어의 음과 뜻은 물론, 고사성어에 어울리는 이야기 속 상황이
자연스레 떠오른답니다.

설민석의 고사성어 대격돌
❶ 위기일발! 명량에 숨은 고사성어를 찾아라!

1화

ㅇ ㄱ ㅇ ㄷ

한 가지 일을 하여 두 가지 이득을 얻다.
"빵을 샀는데 그 안에서 내가 좋아하는
아이돌 스티커가 나왔어."

2화

ㄱ ㅇ ㅇ ㅅ

달콤한 말로 다른 사람을 꾀어내다.
"온몸의 병을 싹 낫게 해 주는 만병통치약이 여기 있어요!"

ㄱ ㅅ ㅎ ㅅ

죽을 고비를 넘기고 살아나다.
"가짜 약에 전 재산을 잃을 뻔했는데 네 덕분에 살았다!"

| ㄱ | ㅈ | ㄷ | ㅈ |

대단히 고맙게 여기는 모양.
"만두를 실컷 먹게 해 주셔서 정말 감사합니다!"

| ㄱ | ㅁ | ㅅ | ㅅ |

물건이 눈에 보이면 가지고 싶다.
"여기 있는 만두 다 주세요! 다 먹을 거예요!"

| ㄱ | ㅌ | ㄱ | ㅌ |

달면 삼키고 쓰면 뱉는다.
"도와준 건 고맙지만 만두를 다 먹으면 어떡해! 얼른 나가!"

| ㄷ | ㄷ | ㅇ | ㅅ |

많으면 많을수록 좋다.
"만두는 많으면 많을수록 좋을 만두 하지!"

3화

| ㄷ | ㅁ | ㅂ | ㅊ |

집 밖으로 나가지 않는다.
"집주인이 집 밖으로 나오는 걸 여태 본 적이 없어."

| ㅂ | ㅇ | ㅅ | ㅁ |

꿈인지 생시인지 흐리멍텅하다.
"로빈이 뭐 어쨌다고? 잠을 못 자서 정신이 몽롱해."

| ㅇ | ㅍ | ㄷ | ㅅ |

진심에서 나오는 변치 않는 마음.
"역시 내 신랑감♡ 난 온달이 너밖에 없어."

| ㄱㅅㅊㅁ | 이제 막 처음으로 듣다.
"설쌤의 반려견 로빈을 찾으러 왔다니,
난 그런 말 처음 들어." |

| ㅁㅇㄷㅍ | 남의 말을 전혀 귀담아 듣지 않는다.
"난 그런 말 처음 듣는다니까.
아, 몰라. 안 들려. 경찰에 신고할 거야!" |

| ㅈㅅㅅㅇ | 단단히 먹은 마음이 3일을 가지 못하고 무너진다.
"3일쯤 지나니까 갑자기 나쁜 생각이 들더라고.
계획대로 해도 실패할 거 같은…." |

| ㄷㄱㅁㅅ | 큰 인물이 되려면 많은 시간과 노력이 필요하다.
"집주인은 인기 만화가가 되기 위해서
열심히 노력하기로 했어." |

| ㅇㅇㅂㅇ | 아무 근거 없이 퍼진 뜬소문.
"쉿! 비밀인데 저 집에 원한을 가득 품은 처녀 귀신이 산대!" |

4화

| ㄱㅁㅅㄷ | 학식이나 재주가 몰라보게 성장하다.
"전 옛날의 온달이가 아니라고요!
천재 온달로 불러 주세요." |

| ㅇㅅㅈㅅ | 마음과 마음으로 뜻이 통한다.
"말하지 않아도 알~아요~." |

| ㅅ | ㅅ | ㄱ | ㅅ |

난처한 일이 잇따라 일어난다.
"전쟁터 한가운데서 고사성어까지
찾아야 하다니! 으악!"

| ㅇ | ㅇ | ㅈ | ㅇ |

이리저리 왔다 갔다 하며 결정하지 못하고 허둥댄다.
"막강한 군사력을 가진 일본군이 쳐들어온다니!
어떡하면 좋아."

| ㅇ | ㅇ | ㅂ | ㄷ |

우물쭈물 망설이기만 하고 결단을 내리지 못한다.
"싸울까… 도망칠까…? 어떡하지?"

| ㅇ | ㅍ | ㄷ | ㄷ |

위엄 있고 떳떳하다.
"죽음을 각오하고 싸우면 이길 수 있을 것이다!"

| ㅅ | ㅈ | ㅅ | ㅈ |

온갖 고생과 어려운 일을 겪어 경험이 많다.
"나는 전장에서 숱한 시련을 겪어 왔다!
모두 내 경험을 믿고 따르거라!"

5화

| ㅇ | ㅎ | ㅁ | ㅇ |

다른 사람을 무시하고 함부로 대한다.
"겨우 12척의 배로 우리를 막겠다고?
그 입부터 막아 주마! 깔깔."

| ㅇ | ㄱ | ㅇ | ㅂ |

머리털 하나로 무거운 물건을 들어 올리듯 위험한 순간.
"이순신 장군님. 여기는 위험합니다. 얼른 피하셔야 합니다."

| ㅍ | ㅈ | ㄷ | ㅎ |

바람 앞의 등불처럼 매우 위태로운 처지.
"조선 수군은 어마어마한 숫자의 일본군이 공격해 오자 겁에 질렸어."

| ㅎ | ㅅ | ㄱ | ㄷ |

학처럼 목을 길게 빼고 몹시 기다린다.
"이순신 장군은 죽을힘을 다해 싸우며 물살이 바뀌기만을 기다렸어."

| ㅇ | ㄱ | ㄷ | ㅅ |

여러 사람이 모두 같은 목소리를 낸다.
"지금이다! 전군 돌격하라! 돌격하라! 우아아아!"

| ㅈ | ㅇ | ㅈ | ㄷ |

자신이 저지른 일의 결과를 자기가 받는다.
"이게 다 함부로 남의 나라를 넘본 대가다!"

| ㅈ | ㅍ | ㅈ | ㄱ |

절망에 빠져 스스로 자신을 포기한다.
"죽었다 깨나도 우리 일본군은 이순신에게 이길 수 없는 것인가."

| ㅅ | ㄱ | ㅈ | ㅁ |

닥쳐올 일을 미리 짐작하는 밝은 지혜.
"울돌목의 물살을 이용하면 적은 군사로도 일본군을 물리칠 수 있다."

6화

| ㅈ ㅈ ㄱ ㄱ |
몹시 두려워서 벌벌 떨며 조심하다.
"안 돼! 황 대감이 고사성어가 사라졌다는 걸 알면 절대 안 돼!"

| ㅇ ㅈ ㅅ ㅈ |
사람이면 누구나 가지는 보통의 마음.
"황 대감님. 공주인 저를 봐서라도 한 번만 봐주세요! 딱 한 번만요."

| ㅈ ㅅ ㅁ ㅅ |
간사한 꾀로 남을 속여 농락하다.
"지금 부마 자리에서 쫓겨날래, 나중에 쫓겨날래?"

| ㅇ ㅇ ㅊ ㄱ |
한 마디의 말은 천금의 가치가 있다.
"쏟아진 물을 주워 담을 수 없듯,
한 번 꺼낸 말은 꼭 지켜야 하는 법!"

| ㄷ ㅈ ㄷ ㄴ |
재주와 능력이 여러 가지로 많다.
"타고난 목소리~ 뛰어난 무예~ 우수한 성적~ 재주도 많고 능력도 많은 공갈이~!"

| ㅊ ㅊ ㅂ ㄹ |
뜻밖에 일어난 큰 사건.
"공갈이와 고사성어 대결이라니! 이게 웬 마른하늘에 날벼락이냐고요!"

설민석의 고사성어 대격돌
❷ 악전고투! 정조대왕, 전염병에 맞서 싸우다

1화

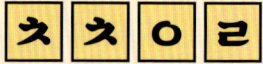

제자의 학문이나 실력이 스승을 넘어선다.
"공갈의 실력이 스승인 나를 뛰어넘는구나. 껄껄."

아는 것이 없고 어리석다.
"내가 아는 것이 없고 어리석다니! 말도 안 돼!"

자기가 저지른 일은 자기가 해결해야 한다.
"그래. 내 잘못이니 내가 고사성어를 찾아야 해!"

격려나 응원에 힘을 받아 용기를 더 낸다.
"날 믿어 주는 평강이를 위해서라도 용기를 내야지."

2화

| ㅇ | ㄹ | ㅁ | ㅈ |

어떤 일에 대하여 방향이나 갈피를 잡을 수 없다.
"고사성어의 행방을 도무지 알 수가 없어."

| ㅈ | ㅊ | ㅇ | ㄷ |

이리저리 마구 부딪친다.
"여기저기 부딪치며 뛰어다니는데도 고사성어를 못 찾겠어."

| ㅈ | ㄱ | ㅅ | ㅎ |

매우 짧은 시간이나 매우 재빠른 움직임.
"공갈이 녀석이 빛의 속도로 내 고사성어를 가로채 갔어!"

| ㅁ | ㅇ | ㅈ | ㅅ |

하나를 들으면 열을 깨닫는다. 매우 총명함.
"설쌤, 고사성어의 비밀을 깨닫다니! 대단해요!"

| ㅊ | ㅈ | ㅍ | ㄱ |

여러 번 실패해도 굴하지 않고 꾸준히 노력한다.
"고사성어 상황극에 꼭 성공하고 말 거야."

| ㅈ | ㅂ | ㅎ | ㅈ |

잘못한 사람이 오히려 화를 낸다.
"고구려국의 공주인 저 평강이 잘못했다는 건가요?"

| ㅊ | ㅅ | ㅇ | ㅂ |

하늘이 내린 인연으로 매우 잘 어울리는 한 쌍.
"온달아, 우린 정말 잘 맞아! 최고의 커플이야."

3화

ㅎㅅㅌㅌ

남의 것을 빼앗기 위해 기회를 엿본다.
"온달이 녀석 뒤를 몰래 밟다가 고사성어을 발견하면 휙 가로채야지."

ㅈㅈㄷㄷ

태도나 방법이 바르고 떳떳하다.
"스승님, 저는 정당하고 떳떳하게 대결에 임하고 싶습니다."

ㄱㄱㅇㅎ

닭의 무리 가운데 한 마리의 학처럼 많은 사람 중 뛰어난 한 사람.
"온달이는 멀리서도 빛이 난다니까!"

ㅈㅇㄱㄱ

시간이 지날수록 하는 짓이 더욱 꼴불견이다.
"하하! 내가 한 미모 하지! 촬영장 온 김에 배우 데뷔나 하고 갈까?"

ㅇㄱㅁㅇ

입은 있어도 변명할 말이 없거나 변명을 못한다.
"죄송합니다. 할 말이 없습니다…."

ㅊㅅㅁㄱ

천 가지 매운 것과 만 가지 쓴 것이라는 뜻으로, 온갖 어려움과 고생을 말한다.
"내가 얼마나 고생해서 여기까지 왔는데요…."

4화

| ㅎ ㄹ ㅇ ㄹ | 기쁨과 노여움과 슬픔과 즐거움을 아울러 이르는 말.
"기뻐하는 연기, 화내는 연기, 슬퍼하는 연기, 즐거워하는 연기를 뽐내고 있었어요." |

| ㅈ ㄱ ㅇ ㄷ | 어려운 여건 속에서도 꿋꿋이 공부한다.
"낮에는 열심히 일하고 밤에는 최선을 다해 연기 공부를 했어." |

| ㄷ ㅂ ㅅ ㄹ | 어려운 처지에 있는 사람끼리 서로 가엾게 여긴다.
"너도 나처럼 무대에서 떨었던 적이 있구나. 힘들었겠다." |

| ㄷ ㅅ ㅇ ㅁ | 같이 행동하면서도 속으로는 각각 딴생각을 한다.
"함께 연기 이야기를 하면서 속으로는 각각 다른 생각을 하고 있군." |

| ㅅ ㅅ ㄴ ㄱ | 기초가 튼튼하지 못하여 오래 견디지 못할 일이나 물건.
"안 돼. 기초가 없으면 쉽게 무너지는 거 몰라?" |

| ㅂ ㄱ ㅅ ㅅ | 뼈가 가루가 되고 몸이 부서질 정도로 힘껏 노력하다.
"정말 열심히 노력하더니 멋진 연기를 선보였어." |

| ㄱ ㄱ ㄴ ㅁ | 남에게 입은 은혜가 뼈에 새길 만큼 커서 잊히지 않는다.
"이게 다 너희 덕분이야! 절대 잊지 않을게!" |

5화

| ㄱㄹㅁㅇ | 아무런 도움도 받지 못하는 외로운 상태.
"역병에 걸리는 바람에 마을 사람들이 우릴 집에 가두고 아무도 오지 못하게 했어요." |

| ㅅㅅㅂㄱ | 간섭하거나 거들지 않고 그대로 내버려 둔다.
"괜히 도와주다 나까지 병이 옮으면 어쩌라고?" |

| ㅇㅁㅅㅅ | 사람의 얼굴을 하고 있으나 마음은 짐승처럼 흉악하다.
"역병에 걸렸으니 당장 이 동네를 떠나!" |

| ㅇㅈㄱㅌ | 매우 어려운 조건을 무릅쓰고 온 힘을 다하여 싸우다.
"아무리 환자가 많아도 힘을 모아 이겨 내야 해." |

| ㅈㅌㅇㄴ | 이러지도 저러지도 못하는 난처한 상황을 뜻한다.
"홍역이 온 마을을 휩쓸었나 봐. 계속 환자들이 들어오는데 어쩌지?" |

6화

ㅇㅈㅅㅈ 다른 사람의 처지나 입장에서 생각해 본다.
"입장을 바꿔서 경들이 역병에 걸린 백성이라 생각해 보시오."

ㅅㅅㅅㅂ 남보다 앞장서서 행동하여 본보기가 된다.
"내탕금으로 약재를 구해 전국의 환자들에게 보내시오."

ㅇㅂㅁㅎ 미리 준비가 되어 있으면 걱정할 것이 없다.
"대응책을 미리 정리하여 다음 역병을 대비하시오!"

ㅂㅂㅅㅇ 안 좋은 일의 근본 원인을 없애 버린다.
"홍역의 근본을 뿌리부터 뽑아 해결하도록 하라!"

에필로그

ㄴㅎㄴㅈ 서로 학문이나 재능이 비슷해서 우열을 가리기 어렵다.
"도저히 고사성어 대결의 승자를 가릴 수 없군."

ㄱㄹㅈㄱ 쇠 같은 단단함과 난초 같은 향기를 가진 아름다운 우정.
"정말 우정이 돈독해 보이는군."

ㄱㄱㅇㅊ 주사위를 던져 승패를 건다. 운명을 건 단판 승부.
"이번 승부에 내 모든 걸 걸 테니, 단판 승부를 내 봄세."

설민석의 고사성어 대격돌
❸ 화룡점정! 고사성어의 마지막 비밀을 찾아라!

1화

ㅁ ㅂ ㅅ ㅈ

글자를 모르거나 무식한 사람을 말한다.
"낫 놓고 기역 자도 모르던 온달이 이렇게 성장하다니!"

ㅇ ㅊ ㅇ ㅈ

나날이 발전해 나아간다.
"온달의 고사성어 실력이 몰라보게 달라졌다는 말씀!"

ㄱ ㅈ ㄱ ㄱ

융통성 없이 고집 세고 어리석다는 뜻이다.
"이 위치에서 내 칼이 강에 빠졌으니, 배에 흠집을 새겨 배가 강 반대편에 다다랐을 때 칼을 찾을 거란 말이오!"

ㄱ ㅊ ㅂ ㅇ

죽어서도 잊지 않고 은혜를 갚는다.
"세상을 떠나고도 은혜를 갚다니, 정말 대단하세요!"

인생의 행복과 불행은 예측할 수 없다.
"행복과 불행은 언제 뒤바뀔지 모르니 너무 기뻐할 필요도
너무 슬퍼할 필요도 없다는 말이야."

2화

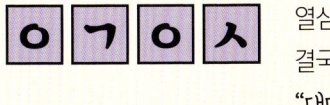

열심히 노력하면 어려운 일이라도
결국 이룰 수 있다.
"대대손손 이어 가면서 저 산의 흙을 모두
깎아 내고 말겠어!"

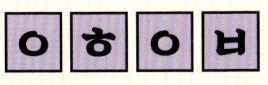

상황에 따라 기뻐했다 슬퍼했다 한다.
"떡볶이 먹기 전에는 정말 기뻤는데,
점점 비워지는 접시를 보니 너무 슬퍼."

| ㅂ | ㅈ | ㅂ | ㅅ |

백 번 싸워서 백 번 이긴다.
"난 여태 싸움에 나가 한 번도 진 적이 없다고!"

| ㅂ | ㅊ | ㄱ | ㄷ |

몹시 어렵고 위태로운 지경을 말한다.
"하늘이시여! 정녕 우리 초나라를 버리시는 겁니까!"

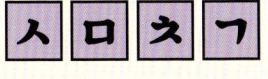

사방이 적으로 둘러싸인 위태로운 상태를 말한다.
"사방에서 초나라의 노랫소리가 들려오다니.
이제 우리 초나라는 끝났나 보구나."

3화

ㅅㄱㅊㄹ

인재를 얻기 위해서는 그만큼의 정성이
필요하다는 뜻.
"인재를 얻으려면 이 정도 정성은 들여야지."

ㅅㅇㅈㄱ

물과 물고기처럼 떨어질 수 없는
아주 친밀한 사이를 말한다.
"내가 제갈량을 얻은 것은 물고기가 물을 만난 것과 같다."

ㄱㅌㅈㄹ

한 번 실패한 뒤 실력을 쌓아 다시 도전한다.
"아직 부족하지만 설쌤과 열심히 공부해서 공갈이를 꼭
이길 거야!"

ㄱㄹ

가지기에는 아쉽지만 버리기에도
아까운 상황이나 물건.
"살이 별로 없어 먹기는 귀찮지만, 막상 버리기엔 아까운
것이 닭의 갈비뼈로구나."

ㅁㄹㄷㅇ

복숭아나무가 있는 언덕이라는 말로
이상적인 세계를 뜻한다.
"조금만 더 있다 가자꾸나. 천국이 따로 없구나."

| ㄱ ㅇ ㅂ ㄱ | 지나친 것은 모자란 것과 같다.
"복숭아를 너무 많이 먹었더니 탈이 났구나." |

| ㅅ ㅅ ㅅ ㅇ | 옳은 일을 위해서 자기를 희생한다는 뜻.
"자신의 목숨을 바쳐서라도 사람들에게 도움이 되는 일을 해야 한다." |

| ㅍ ㅅ ㅈ ㅌ | 효도를 다하지 못한 채 부모를 잃은 자식의 슬픈 마음을 뜻한다.
"이제 효도를 하고 싶어도 부모님이 안 계시니, 누구한테 효도를 한단 말입니까." |

| ㅅ ㄱ ㅊ ㅅ | 고향을 그리워하는 마음을 이르는 말이다.
"아, 나도 부모님이 계신 내 고향 고구려로 돌아가고 싶다."

4화

ㅅㅈㅂㅎ

세상의 풍경이나 일이 몹시 달라진 것을 뜻한다.
"예전에는 상인들이 천대받았지만 지금은 그 위상이 많이 달라졌단다."

ㅁㅁㅅㅊ

맹자의 어머니가 교육을 위해 세 번 이사했다는 말로 교육에는 환경이 중요하다는 뜻.
"아들아, 안 되겠다. 교육에 더 좋은 환경으로 이사 가자!"

ㅇㅁㄱㅇ

도저히 불가능한 일을 굳이 하려고 한다.
"무력으로 중국 천하를 통일하려는 건 나무에 올라서 물고기를 구하는 것과 다를 바가 없습니다."

ㅇㅅㅅㄷ

복수나 어떤 목표를 이루기 위해 참고 기다리는 걸 말한다.
"부차는 섶에서 누워 자고 구천은 쓸개를 핥으며 복수를 다짐했지."

ㅇㅇㄷㅈ

아무리 서로 사이가 안 좋아도, 이해관계가 맞으면 협력할 수 있다.
"아무리 사이가 안 좋아도 지금은 싸울 때가 아니라 힘을 합칠 때예요."

5화

ㅊㅇㄱㄴ 증오스럽거나 도저히 용납할 수 없다.
"이방원 네 이놈! 내 너를 절대 용서하지 않을 것이다!"

ㅎㅎㅊㅅ 심부름을 가서 돌아오지 않거나 아무 소식이 없다.
"함흥으로 간 차사는 어찌 이리 감감무소식인고."

ㅎㅅㅌㅎ 거리낌이 없는 솔직한 마음이라는 뜻.
"자네를 만나 속내를 털어놓으니 내 마음이 편하구려."

ㅎㄹㅈㅈ 무슨 일을 하는 데 가장 중요한 부분을 마쳐서 완성시키는 것을 말한다.
"잡았다! 마지막 고사성어. 이제 100개의 고사성어 카드를 모두 모았군."

설민석의 고사성어 대격돌 정답

132쪽 고사성어 카드 짝 맞추기

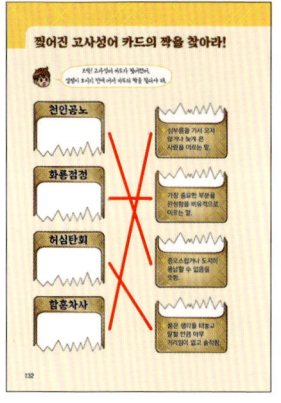

133쪽 숨은 고사성어 찾기

백	전	백	승	풍	가	나	다	목	라
척	천	자	문	수	교	과	유	불	급
간	살	새	옹	지	마	온	달	식	평
두	신	바	어	탄	황	대	감	정	강
사	성	수	아	자	차	카	타	파	하
천	인	공	노	설	맹	모	삼	천	공
고	사	성	어	쌤	회	일	고	이	갈
대	격	돌	로	탄	이	결	초	보	은
수	구	초	심	빈	성	삼	려	사	유
월	화	허	수	목	계	금	토	일	비

148~153쪽 1권 고사성어 초성 퀴즈!

1화	2화	3화	4화	5화	6화
일거양득	감언이설	두문불출	괄목상대	안하무인	전전긍긍
	기사회생	비몽사몽	이심전심	위기일발	인지상정
	감지덕지	일편단심	설상가상	풍전등화	조삼모사
	견물생심	금시초문	우왕좌왕	학수고대	일언천금
	감탄고토	마이동풍	우유부단	이구동성	다재다능
	다다익선	작심삼일	위풍당당	자업자득	청천벽력
		대기만성	산전수전	자포자기	
		유언비어		선견지명	

154~159쪽 2권 고사성어 초성 퀴즈!

1화	2화	3화	4화	5화	6화	에필로그
청출어람	오리무중	호시탐탐	희로애락	고립무원	역지사지	난형난제
무지몽매	좌충우돌	정정당당	주경야독	수수방관	솔선수범	금란지교
결자해지	전광석화	군계일학	동병상련	인면수심	유비무환	건곤일척
용기백배	문일지십	점입가경	동상이몽	악전고투	발본색원	
	칠전팔기	유구무언	사상누각	진퇴양난		
	적반하장	천신만고	분골쇄신			
	천생연분		각골난망			

160~165쪽 3권 고사성어 초성 퀴즈!

1화	2화	3화	4화	5화
목불식정	우공이산	삼고초려	상전벽해	천인공노
일취월장	일희일비	수어지교	맹모삼천	한흥차사
각주구검	백전백승	권토중래	연목구어	허심탄회
결초보은	백척간두	계륵	와신상담	화룡점정
새옹지마	사면초가	무릉도원	오월동주	
		과유불급		
		살신성인		
		풍수지탄		
		수구초심		

설민석의 고사성어 대격돌

❸ 화룡점정! 고사성어의 마지막 비밀을 찾아라!

글 설민석, 스토리콘 | 그림 김문식 | 감수 단꿈 연구소
초판 1쇄 펴낸날 2021년 11월 30일 | 초판 4쇄 펴낸날 2023년 11월 10일
기획·편집 위혜정 | 편집 한해숙, 신경아 | 디자인 최성수, 이이환
마케팅 박영준, 한지훈 | 홍보 정보영, 박소현 | 경영지원 김효순
펴낸이 조은희 | 펴낸곳 ㈜한솔수북 | 출판등록 제2013-000276호 | 주소 03996 서울시 마포구 월드컵로 96 영훈빌딩 5층
전화 02-2001-5822(편집), 02-2001-5828(영업) | 전송 02-2060-0108 | 전자우편 isoobook@eduhansol.co.kr
블로그 blog.naver.com/hsoobook | 인스타그램 soobook2 | 페이스북 soobook2
ISBN 979-11-7028-926-5 | 세트 ISBN 979-11-7028-704-9 74700

어린이제품안전특별법에 의한 제품 표시
품명 도서 | 사용연령 만 7세 이상 | 제조국 대한민국 | 제조자명 ㈜한솔수북 | 제조년월 2023년 11월

ⓒ Dankkumi Corp.

※ 본 제품은 (주)단꿈아이와의 상품화 계약에 의해 (주)한솔수북에서 제작·판매하는 것으로 무단 복제 및 전재를 금합니다.
『설민석의 한국사 대모험』 원작사 (주)단꿈아이
『설민석의 한국사 대모험』 그림 작가 정현희

※ 파본은 구입처에서 교환해 드리며, 관련 법령에 따라 환불해 드립니다. 다만 제품이 훼손되면 환불이 불가능합니다.
※ 값은 뒤표지에 있습니다.

큐알 코드를 찍어서
독자 참여 신청을 하시고
선물을 보내 드립니다.

한솔수북의 모든 책은 아이의 눈, 엄마의 마음으로 만듭니다.